W0191078

ISBN: 978-3-944610-53-5
ISSN 0942-7244
1. Auflage 2018 / Novo Band 127
© Novo Argumente Verlag, Frankfurt 2018
www.novo-argumente.com
Alle Rechte vorbehalten.
Covergestaltung und Satz: www.elenareiniger.de
Druck und Bindung: Orthdruk, Bialystok
Printed in Poland

**CHRISTOPH LÖVENICH
UND JOHANNES RICHARDT (HG.)**

GENIESSEN
VERBOTEN

Über die Regulierung
der kleinen Freuden
des Lebens

INHALT

Vorwort

Die kleinen Freuden des Lebens geraten unter Regulierungsvorbehalt. Essen, Trinken, Rauchen, Sex und vieles andere, was Spaß macht, stehen im Fokus einer Bevormundungs- und Verbotspolitik. Der Zeitgeist huldigt dem Verzicht statt der Lebensfreude. Unsere Leidenschaften und Neigungen werden pathologisiert.

Die Autoren dieses Bandes verteidigen selbstbestimmten Genuss als zivilisatorische Errungenschaft, analysieren die gesellschaftlichen Hintergründe der Regulierung, kritisieren die Akteure und fragen nach deren Interessen.

Freiheit und Genuss gehören zusammen. Mündige Menschen wissen für sich selbst am besten, was und wie sie genießen wollen. In einer aufgeklärten Gesellschaft gibt es Lebensbereiche, in die sich Politiker, Bürokraten oder zivilgesellschaftliche Besorgnisunternehmer nicht einmischen sollten. Deshalb gilt es, den neo-paternalistischen Zeitgeist entschieden zurückzudrängen und für Freiräume zu streiten.

Kapitel eins legt den Schwerpunkt auf gesellschaftliche und politische Hintergründe der Genussregulierung. Kapitel zwei beleuchtet Einzeldebatten in den Themenbereichen Ernährung, Genussmittel, Sexualität, Drogen und Glücksspiel.

Christoph Lövenich und Johannes Richardt,
Herausgeber

1.
WIR UND DER
GENUSS

JOHANNES RICHARDT

Genuss
im Fadenkreuz

**Die Politik hat Angst vor den
Leidenschaften und Neigungen der Bürger.
So wird Genuss zunehmend medi-
kalisiert und reguliert**

*„Aspirin gab's nicht, da hab' ich dir Zigaretten
mitgebracht." (Homer Simpson)*

Über Geschmack lässt sich nicht streiten, sagen die einen.
Im Gegenteil: Über Geschmack lässt sich trefflich streiten,
entgegnen die anderen. Egal auf welche Seite man sich
schlägt, eines ist unzweifelhaft: Geschmacksfragen stehen
heute unter massivem Regulierungsvorbehalt. Seit Jahren
werden sie zunehmend zum Gegenstand von Richtlinien,
Verboten oder volksgesundheitlicher „Aufklärungskampa-
gnen". Schon immer haben politische oder religiöse Autori-
täten versucht, unsere Triebe, Neigungen, Bedürfnisse und
Vorlieben in ihnen gefällige Richtungen zu lenken. Sei es
durch mehr oder weniger offenen Zwang, sei es durch moralische Appelle, Beeinflussung oder Manipulation. Niemals
waren die Fragen, welche Nahrungsmittel, Getränke, bewusstseinsverändernden Substanzen wir unseren Körpern
zuführen, welchen (Glücks-)Spielen wir nachgehen dürfen
oder wie und mit wem wir Sex haben, reine Privatangele-
genheiten. Bemerkenswert und neu ist jedoch das Ausmaß,
in dem Genussfragen heute politisiert und verrechtlicht
werden – ausgerechnet in einer Zeit, die in vielen Fragen

der Lebensführung durchaus nicht wenige Freiräume und Optionen für die Einzelnen bietet.

Zu Recht schätzen wir unsere vergangenen Errungenschaften, Jahrzehnte des Wohlstands und der relativen Freiheit. Allerorten wird heute angesichts des Aufstiegs der Populisten der Wert der liberalen Demokratie und des Vermächtnisses der Aufklärung beschworen. Geradezu depressiv stimmt einen dabei der defensive Ton und die fehlende Substanz dieser Formeln. Anstatt zu fragen, wie wir mehr Freiheit, Demokratie und Wohlstand für alle erreichen können, erleben wir, wie zum angeblichen Schutz der Demokratie demokratische Rechte beschnitten und der öffentliche Debattenraum verengt werden. Die Bewahrung als „alternativlos" verkaufter Institutionen und überlebter politischer Konzepte hat bei unseren Eliten einen konstruktiven, zukunftsweisenden Gestaltungsanspruch weitestgehend verdrängt.

Vor dem Hintergrund dieser politischen Führungs- und Orientierungskrise breitet sich ein Politikstil aus, der das zunehmend kleinteiligere Mikromanagement von Gesellschaft, Öffentlichkeit und Wirtschaft zur Tugend erhoben hat. Mit Verboten, Regulierungen, Richtlinien, Steuern, bewusstseinsbildenden Maßnahmen und neuerdings auch mit den Psychotricks des sog. Nudging mischt sich der Staat in die private Lebensführung der Bürger, die öffentliche Debatte und unternehmerisches Handeln ein. Diese Politik führt zu einer schleichenden Bevormundung und Entmündigung der Bürger, die die Grundlagen unterhöhlt, auf denen eine freiheitliche Demokratie ideell beruht. Denn Demokratie lebt von der Auffassung, dass erwachsene Menschen selbst am besten wissen, was gut für sie ist, und der Staat ihren Meinungen, Interessen und Neigungen gegenüber Respekt zu zeigen hat.

Technokratie
und Moralismus

An die Stelle eines Streits um grundlegende politische und ökonomische Weichenstellungen ist die technokratische Steuerung privater Verhaltensweisen und eine Re-Moralisierung von Genuss- und Lebensstilfragen getreten. Dabei werden Maßnahmen wie nationale Reduktionsstrategien für Salz, Zucker und Fett in Lebensmitteln, Anti-Raucherinitiativen von der EU-Tabakproduktrichtlinie bis zu öffentlichen Rauchverboten, illiberale Reformen des Sexualstrafrechts, paternalistische Glücksspielstaatsverträge, Kampagnen gegen das Fleischessen oder für „Veggie-Days" längst nicht nur, aber vor allem aus politischen Kreisen vorangetrieben, die sich selbst als „progressiv" begreifen. Tatsächlich sind sie das Gegenteil von fortschrittlich. Sie erinnern an längst überwunden geglaubtes konservativ-autoritäres Denken, gegen das z.B. viele 68er, die kürzlich ihr 50-jähriges Jubiläum gefeiert haben, durchaus mit Erfolg zu Felde gezogen waren.

Vom optimistischen Geist der Befreiung der Sechzigerjahre des vergangenen Jahrhunderts ist wenig übrig geblieben. Zwar wurde der Einfluss verknöcherter Institutionen, die das Individuum früher in seine Schranken gewiesen haben – von den großen christlichen Religionen bis zu patriarchalen Strukturen in Familie und Gesellschaft – geschliffen. Aber an die Stelle des repressiven alten Moralsystems sind nicht neue, wirklich freiheitliche, die Autonomie des Individuums bejahende Ansätze getreten. Im Gegenteil: Werte und Tugenden wie Rationalität, Verantwortungsbewusstsein, Mut oder Selbstdisziplin, ohne die kein freies Leben machbar ist, haben im relativistischen Klima an Bedeutung verloren. Das entstandene Vakuum wurde durch eine Kultur der Angst und des Misstrauens gefüllt, die unser aller Freiheits- und Vernunftbegabung skeptisch bis ablehnend gegenübersteht. So wurde auch der Genuss unter einen Risikovorbehalt gestellt: Sex, ja, aber bitte nur „safe" und idealerweise nach vorherigen „vertraglichen" Abmachungen, Drogen nur mit ärztlichem Rezept aus der Apotheke, Essen nur mit reduziertem Fett-, Zucker- oder Kohlenhydratgehalt, und bloß kein Fleisch, Alkohol selbstverständlich nur „bewusst genießen". Spontane und unkontrollierte menschliche Leidenschaft und Bedürfnisbefriedigung gelten einer Politik, die Bürger nicht mehr als Gestalter, sondern vor allem als Störer, Verschmutzer oder Gefährder sieht, als gefährlich – für die Bürger selbst, für andere und für die Gesellschaft als solche. Aus dieser trüben Sicht auf den Bürger leitet sich der politische Anspruch ab, in die persönliche Lebensführung der Menschen hineinzuregieren.

Ironischerweise untergräbt so ausgerechnet jenes politische Führungspersonal, das sich aktuell als letzte Wacht gegen den Populistensturm zu inszenieren versucht, die moralischen und kulturellen Voraussetzungen für das Funktionieren einer offenen Gesellschaft. Mancher mag hier vielleicht einwenden, dass es aktuell wirklich drängendere politische Themen gibt als die Fragen, wo ich mir eine Kippe anstecken kann oder wieviel Gramm Zucker eine Limo enthalten darf. Doch man darf den Effekt paternalistischer Politik, speziell die zunehmende Politisierung und Verrechtlichung individueller Genussfragen, auf das gesellschaftliche Zusammenleben und Selbstverständnis der Bürger nicht unterschätzen. Hier zeigt sich eine fatale Geringschätzung der politischen Eliten gegenüber den angeblich irrationalen, uninformierten und unaufgeklärten Interessen und Neigungen der Bevölkerungsmehrheit.

Wer als Politiker den Leuten ständig signalisiert, dass er sie für zu blöd, schwach und vorurteilsbeladen hält, mit den Herausforderungen des privaten, aber auch des politischen Lebens klar zu kommen, darf sich nicht wundern, wenn sich Menschen dann irgendwann von ihm abwenden. Die aktuelle Veränderung der politischen Landschaft ist auch eine kulturelle Revolte gegen diese abgehobene Haltung, die Bürger – gerade die sog. „kleinen Leute" – nicht als Demos zu akzeptieren, sondern als therapiebedürftige Verfügungsmasse für „wohlmeinende" Sozialtechniken aller Art zu sehen.

Persönliche und
unternehmerische Freiheit

So werden grundlegende, auf das Denken der Aufklärung zurückgehende Grenzziehungen zwischen der privaten und öffentlichen Sphäre verwischt – zwischen dem, was im allgemeinen Interesse liegt und somit offen für politische Konflikte ist, und dem, was die persönliche Lebensführung betrifft und somit den autonomen Entscheidungen der einzelnen Gesellschaftsmitglieder überlassen sein sollte. Auf der Makroebene haben die gewählten Volksvertreter einen Großteil ihrer Gestaltungmacht an demokratisch nicht oder nur schwach legitimierte supranationale Institutionen, von der Europäischen Union bis zur Weltgesundheitsorganisation, abgegeben, die staatliches Handeln bis ins kleinste Detail an verbindliche Regelwerke binden. Auf der Mikroebene versuchen jene selbstbeschränkten Volksvertreter nun, den Geist dieser ihnen vertrauten technokratisch-regulatorischen Ordnung auch innerhalb der Gesellschaft, im zwischenmenschlichen Miteinander zu implementieren. Was bereits auf zwischenstaatlicher Ebene hoch problematisch ist, bekommt auf der Ebene des gesellschaftlichen Miteinanders schlichtweg inhumane Züge. Die Leidenschaften, Neigungen und Bedürfnisse der Einzelnen werden zur Verfügungsmasse staatlicher Verhaltensmanager.

Unterstützung erfahren Bevormundungspolitiker von einer ausufernden Bürokratie mit zahlreichen staatlichen Behörden, Ämtern und Ministerien, in denen sich immer mehr Bedienstete auf solche Aufgaben spezialisieren. Hinzu kommt eine Vielzahl „zivilgesellschaftlicher" Akteure, oft mit besten Kontakten in die politischen Führungszirkel hinein und nicht selten steuerzahlerfinanziert. Gerade Verbraucher- oder Umweltschutz-NGOs schaffen im Zusammenspiel mit parastaatlichen Verbraucherzentralen und aktivistischen Wissenschaftlern und Forschungseinrichtungen ein öffentliches Klima, das Handlungsdruck für bestimmte Themen signalisiert. Zur Seite stehen diesen Moralunternehmern viele Journalisten, die sich nicht als objektive Berichterstatter, sondern eher als politische Aktivisten begreifen, die mit ihrer „Haltung" dazu beitragen wollen, die Welt „nachhaltiger" und die Menschen „besser" zu machen. Die Rolle der Guten und der Bösen sind dabei klar verteilt. Auf der einen Seite steht die böse Industrie (Tabak~, Lebensmittel~, Auto~, ...), die uns alle aus reiner Profitgier vergiftet, auf der anderen Seite die guten Verbraucher-, Lebensmittel- oder Umweltschützer. So führt diese Politik nicht nur zu Einmischungen in die private Lebensführung, sondern auch zu problematischen Eingriffen in die unternehmerische Freiheit. Dieser Aspekt wird von vielen Bevormundungsgegnern in der Debatte oft übersehen, weil „die Industrie" ohnehin als moralisch verkommen gilt. Auch deshalb verfangen die David-gegen-Goliath-Erzählungen der

Paternalisten so gut. Menschen versprechen sich einen symbolischen Gewinn, wenn die Industrie reguliert wird. Sie blenden aus, dass diese Form von Überregulierung auch ihre persönlichen Freiheiten einschränkt und zudem unternehmerische Initiative und Innovationen erschwert, was sich letztlich negativ auf die Grundlagen des gesamtgesellschaftlichen Reichtums auswirkt.

Distinktion
und Medikalisierung

Gleichwohl ist es für Politiker, egal welcher Couleur, verlockend, sich auf die „richtige" Seite zu schlagen, und sich so eines schnellen, aber eben auch schnell vergänglichen Applauses sicher zu sein. Innerhalb der politisch-medialen Klasse gelten Maßnahmen der Verhaltenssteuerung gemeinhin als kaum noch hinterfragter politischer Common Sense. Dies hat auch damit zu tun, dass asketische, auf Verzicht und Reinheit zielende Werte dem dort sehr wirkmächtigen Zeitgeist entsprechen. Zudem dient der Verzichtslebensstil der sozialen Distinktion gegenüber einer geringgeschätzten „Unterschicht" mit Chipstüten und Tabakdosen auf dem Fliesentisch. Aus dieser Haltung heraus wird negiert, dass jeder Mensch das gleiche Recht darauf hat, durch seine Art zu genießen die eigene Persönlichkeit auszudrücken. Dazu gehört der Umgang mit Risiken. Natürlich besteht die Gefahr des Exzesses, des Kontrollverlusts – aber auch dafür kann man sich ganz bewusst entscheiden. Und rational. Maßnahmen, um Menschen vom Genuss abzuhalten, arbeiten oft stark emotionalisierend, wecken Ängste vor angeblichen Folgen einfachster Handlungen, etwa eine Currywurst zu essen oder eine Zigarette zu rauchen. Propagiert wird das

Ideal des besorgten Bürgers. Der unbeschwerte, lebenslustige Bürger gilt dagegen als Problem. Spaß am Leben ist gesünder – diese Botschaft passt nicht zur Medikalisierung unserer Gesellschaft, die individuelles Verhalten zunehmend pathologisiert und alles Mögliche zur Sucht erklärt. Der Genuss fällt einer gleichmacherischen Therapiekultur zum Opfer, in der Ärzte, Psychologen, Pillen und Institutionen das Dasein kanalisieren sollen, wo es doch eigentlich um das Ausleben individueller Autonomie gehen sollte.

Die Etymologie des aus dem Griechischen stammenden Wortes – autos (Selbst) und nomos (Regel oder Gesetz) – vermittelt die Bedeutung der Selbstbestimmung. Es geht darum, dass Menschen ihr Leben entsprechend selbstgewählter Richtlinien führen können. Dies schließt selbstverständlich Genussfragen mit ein, weil auch diese uns im innersten Kern als Kulturwesen und einzigartige Individuen definieren. Schließlich handelt es sich beim Fühlen, Schmecken und Riechen um die ersten Sinneserfahrungen des Menschen, aus denen sich dann im Laufe des Lebens in Interaktion mit der Gesellschaft die Fähigkeit zur Differenzierung und Beurteilung des Geschmacks entwickelt. Die Regulierung des Genusses ist sowohl ein Angriff auf unser sinnliches Erleben und geselliges Miteinander als auch auf unsere moralische Urteilskraft. Denn moralische Autonomie verlangt von den Menschen, sie selbst zu sein, nach ihren Werten, Neigungen und ihrem Geschmack zu handeln und sich frei zu fühlen, einen Lebensstil anzunehmen, der es ihnen erlaubt, ihre Persönlichkeit auszudrücken. Um Autonomie zu kultivieren, bedarf es Entscheidungsfreiheit. Denn nur durch die Möglichkeit, entscheiden zu können, zwischen verschiedenen Optionen zu wählen, zu experimentieren und nicht zuletzt auch Fehler zu machen und dann hoffentlich aus ihnen zu lernen, entwickelt sich unsere Fähigkeit, Urteile zu treffen und entsprechend zu handeln und leben.

Wer es mit Freiheit und Demokratie ernst meint, muss Freiräume für selbstbestimmten Genuss nicht nur zähneknirschend tolerieren, sondern sie als Ausdruck einer zivilisierten Gesellschaft verteidigen und sich fragen, wie diese in Zukunft erweitert werden können. Aktuell schwingt das Pendel genau in die andere Richtung. Leider.

MARTIN DANNECKER

Wir leben nicht, um gesund zu bleiben

Früher hat man auf die Gesundheit angestoßen, heute soll sie zur Enthaltsamkeit anleiten. Der gesellschaftliche Gesundheitsimperativ verwechselt ein gesundes mit einem guten Leben

Zwar bin ich kein Mediziner. Gleichwohl weiß ich, dass Menschen, wenn sie krank sind, nicht nur krank sind, sondern an ihren Krankheiten leiden. Das scheint mir jedenfalls eine sinnvolle Annahme zu sein. Auch halte ich Gesundheit für ein hohes Gut, und zwar aus zwei Gründen. Zum einen haben gesundheitliche Beeinträchtigungen eine existenzielle Dimension, was besonders beim Vorliegen von schweren, möglicherweise sogar lebensbedrohlichen Krankheiten erkennbar wird. Zum anderen schränken schwerwiegende gesundheitliche Beeinträchtigungen die Teilhabe an vielen Lebensbereichen ein.

Was Gesundheit ist, ist freilich schwer zu bestimmen. Würde ich jetzt die dazu vorliegenden Theorien ausbreiten, würde meine Zeit nicht ausreichen, um noch über etwas anderes sprechen zu können. Ex negativo könnte man Gesundheit als die Abwesenheit von Krankheit definieren. Sie würden mir aber vermutlich entgegenhalten, dass Gesundheit mehr umfasst als die Abwesenheit von Krankheit, und auf die Definition der WHO verweisen. Dieser zufolge ist Gesundheit „ein Zustand des vollständigen körperlichen, geistigen und sozialen Wohlbefindens und nicht nur das Fehlen von Krankheit oder Gebrechen".

Sehr viel bescheidener hat Friedrich Nietzsche Gesundheit definiert. Für ihn war Gesundheit „dasjenige Maß an Krankheit, das es mir noch erlaubt, meinen wesentlichen Beschäftigungen nachzugehen." Was an seiner Definition erkennbar wird, ist, dass die scheinbar gegensätzlichen Begriffe Gesundheit und Krankheit genau genommen relationale Begriffe sind. Deshalb denken wir, wenn wir von Gesundheit sprechen, immer zugleich an Krankheit – und umgekehrt.

Gesundheit und Diktatur

Doch zurück zur Gesundheitsdefinition der WHO. Aus diesem allumfassenden und ganzheitlichen Gesundheitsbegriff lässt sich kein entsprechendes staatlich verbürgtes Recht auf Gesundheit ableiten. Darauf hat unter anderem der ehemalige Verfassungsrichter Paul Kirchhof aufmerksam gemacht. „Würde der Staat", so schreibt er, „diesen umfassenden Gesundheitsbegriff zur Grundlage rechtlicher Anordnungen machen, bewegte er sich in Richtung Diktatur. Der Mensch dürfte auch in seinem Privatbereich nicht mehr rauchen, müsste seine Essensgewohnheiten vor dem Gesetz rechtfertigen, seine Sportlichkeit täglich nachweisen, seine Intimsphäre für staatliche Kontrollen öffnen. Er wäre gehalten, gesundheitspolitische, soziale, aber auch berufliche und staatsbürgerliche Verhaltensweisen zu belegen und dem Staat […] in einer jährlichen Gesundheitserklärung zu verantworten. […] An einem solchen Gesundheitsdruck würden die Menschen leiden, an ihm erkranken, in Trauer über diese bedrückende und unterdrückende Entwicklung sterben".[1]

---

1 Paul Kirchhoff: „Ein Recht auf Gesundheit?" in: Konrad-Adenauer-Stiftung (Hg.):

Auch wenn dem Staat wegen der grundrechtlich geschützten individuellen Lebensführung im Hinblick auf die Beeinflussung des Gesundheitsverhaltens teilweise die Hände gebunden sind, kann man – angesichts der Entwicklungen, die seit einigen Jahrzehnten zu beobachten sind – aber doch feststellen, dass er die umfassende Beeinflussung des Gesundheitsverhaltens äußerst wohlwollend an außerstaatliche Agenturen abgetreten hat. Und er mischt dabei auch kräftig mit. Man kann sich fragen – und das werde ich in der Folge tun –, ob diese außerstaatlichen Agenturen, zu denen nicht zuletzt die Medizin gehört, nicht einen Gesundheitsdruck aufgebaut haben, der von den Individuen genau das verlangt, was Kirchhof als Elemente einer Diktatur der Gesundheit benannt hat.

Nie zuvor war der gesellschaftliche Befehl, gesund zu leben, lauter und nachdrücklicher zu hören als seit etwa Mitte der 90er Jahre des vorigen Jahrhunderts. Was sich im Hinblick auf Gesundheit während dieser Zeit ereignete, lässt sich anschaulich mit dem Begriff „Wechsel der Beleuchtung" bezeichnen, den der österreichische Philosoph Robert Pfaller für sein Buch „Wofür es sich zu leben lohnt" (2011) von Karl Marx entlehnt hat. Pfaller möchte mit diesem Begriff ausdrücken, dass vordem vertraute „Praktiken wie Alkoholtrinken, Rauchen, Fleisch essen"[2] und dergleichen mehr gegenwärtig in einem völlig anderen Licht erscheinen. Was ehemals mit einer Aura von Glamour, Eleganz und Lust umgeben gewesen sei, werde plötzlich als „eklig, gefährlich oder politisch fragwürdig wahrgenommen"[3]. Nicht, dass wir

„Volkskrankheiten. Gesundheitliche Herausforderungen in der Wohlstandsgesellschaft", Herder 2009, S. 33–64, hier S. 9.

[2] Robert Pfaller: „Wofür es sich zu leben lohnt", Fischer Taschenbuch Verlag 2011, S. 15.

[3] ebd.

nicht vorher schon gewusst hätten, dass gewissen Genüssen wie Rauchen und Alkoholtrinken etwas Ungutes anhaftet, sei das Problem. Das Problem liege vielmehr darin, dass genau das Ungute einen Teil des Genusses ausmacht. Und dieser mit dem Ungutem verbundene Genuss soll unter dem Diktat eines gesunden Lebens zum Verschwinden gebracht werden.

Pfaller geht sogar so weit zu behaupten, dass die Art von Genüssen, die mit etwas Ungutem verbunden sind, „die Gesamtheit dessen bilden, wofür sich überhaupt zu leben lohnt. Ohne die Verrücktheiten der Liebe, […] ohne die Unappetitlichkeiten und Schamlosigkeiten der Sexualität, ohne die Unvernunft unserer Ausgelassenheiten, Großzügigkeiten, Verschwendungen, unserer Geschenke, Feierlichkeiten, Heiterkeiten und Rauschzustände wäre unser Leben eine abgeschmackte Abfolge von Bedürfnissen und – bestenfalls – ihrer stumpfen Befriedigung; eine vorhersehbare, geistlose Angelegenheit ohne jegliche Höhepunkte, die insofern mehr Ähnlichkeit mit den Tod hätte als mit allem, was den Namen des Lebens verdient".[4]

Sowohl der besonnene und konservative Paul Kirchhof als auch der philosophische Heißsporn Robert Pfaller thematisieren den Verlust des Lebendigen durch den Zwang zur Gesunderhaltung. Wer sich einem totalen Gesundheitszwang unterwirft, ein gutes Leben auf ein gesundes Leben reduziert und Gesundheit für das höchste Gut hält, ist krank, ohne sich für krank zu halten. Dadurch, dass mit dem Versprechen auf ein gesundes Leben gleichzeitig das Versprechen auf ein langes Leben einhergeht – was sich freilich als Täuschung erweisen könnte –, erhält das Leben als solches die höchste

4 A.a.O., S. 17.

Priorität. Wenn wir uns aber nicht mehr fragen, wofür wir möglichst lange leben wollen, und stattdessen nur um des Lebens willen lange leben möchten, wird Leben zu einem leeren Abstraktum.

Das gesunde Leben

Ein gesundes Leben ist – allen gegensätzlichen Behauptungen zum Trotz – nicht gleichbedeutend mit einem guten Leben. Wir leben ja nicht, um gesund zu bleiben, sondern wir möchten gesund bleiben, um möglichst lange ein Leben zu führen, das sich zu leben lohnt. Jedenfalls ist zu hoffen, dass der Wunsch nach Gesunderhaltung sich mit all dem verbindet, was ein genussvolles Leben mit den zu ihm gehörenden Verrückungen ausmacht. Ich bin mir freilich längst nicht mehr sicher, ob bei denjenigen, die sich aus gesundheitlichen Gründen beständig mäßigen und unablässig disziplinieren, noch durchgängig eine Verkoppelung mit der Vorstellung eines Lebens, das sich zu leben lohnt, gegeben ist. Denn ihnen kommt es häufig nur auf Selbstoptimierung, nicht aber auf die Beziehungen zu anderen an.

Nun kann man sich zwar beispielsweise vorstellen, dass jemand gesund bleiben möchte, um möglichst lang ein leidenschaftliches Sexualleben zu führen. Diese Erwartung geht aber deshalb nicht positiv auf, weil leidenschaftlichen Sexualität von einem ganzen Bündel anderer Voraussetzungen abhängt und Gesundheit kein Garant für sie ist. Zudem kann man, sofern man überhaupt dazu fähig ist, leidenschaftliche Sexualität durchaus auch dann haben, wenn man krank ist. Auch ist das, was jeweils als gesund- bzw. krankmachend gilt, keineswegs so gesichert, wie das in vielen Präventionsprogrammen vorgegeben wird. Nicht selten werden Erkenntnisse der

Medizin, die von ihren methodischen Voraussetzungen her keineswegs in Stein gemeißelt werden dürften, vorschnell in Gesundheitsprogramme gegossen.

Gleichwohl „entlastet" die Befolgung der gesellschaftlich durchgesetzten Gesundheitsprogramme nicht nur diejenigen, die sich an sie halten, sondern auch deren soziale Umgebung. Das nicht nur deshalb, weil man sich durch den Verzicht auf transgene Fette und das Trinken von Bier ohne Alkohol und Kaffee ohne Koffein in der Überzeugung sonnen kann, etwas Gutes für seine Gesundheit zu tun, sondern vor allem deshalb, weil man sich dadurch als jemand mit einem hohen Grad von Selbstverantwortung ausweist. Deshalb geschieht es auch gar nicht so selten, dass jemand, der an einer Krankheit erkrankt, die mit falscher Ernährung in Verbindung gebracht wird, dem Verdacht ausgesetzt wird, nicht genug Verantwortung für sich selbst übernommen zu haben, weil er nicht „gesund gegessen" hat.

In einer von restriktiven präventiven Verhaltenserwartungen durchzogenen Gesellschaft wird die Gesunderhaltung gleichsam zur zweiten Natur, und die Präjudizierung nicht gesundheitskonformer Menschen macht sie zu Subjekten mit zumindest leichten Charakterdefekten. In dieser Zuschreibung offenbart sich freilich, dass auch bei den völlig Selbstdisziplinierten und Gemäßigten noch ein Verlangen danach lebendig ist, auch mal über die Stränge zu schlagen und sich Genüssen hinzugeben, von denen sie annehmen, dass die Anderen diesen schrankenlos verfallen sind. Aber Genuss ist etwas anderes als Sucht, auch wenn die Selbstdisziplinierten und manche Präventionsprogramme hinter jedem Genuss die Sucht lauern sehen.

Selbstverständlich ist es nicht falsch, sich um seine Gesundheit Gedanken zu machen, und es kann durchaus vernünftig sein, sein Verhalten zu ändern. Wenn die Gesunderhaltung jedoch ganz in den Vordergrund gerückt wird und man sich selbst und anderen nicht zugestehen kann, manchmal auch unvernünftig zu sein, bauen sich im Individuum Spannungen auf, und es droht eine Spaltung der Gesellschaft, an deren Ende die Solidarität aufgekündigt wird. Es ist nicht unvernünftig, manchmal auf vernünftige Weise unvernünftig zu sein. Manchmal nicht vernünftig zu sein, ist keineswegs gleichbedeutend mit einer Aufkündigung von Vernunft, sondern eher ein Ausdruck eines Verhältnisses zu sich selbst, das es ermöglicht, manchmal auf vernünftige Weise unvernünftig sein zu können.

Wie kann man sich ein solches Verhältnis zu sich selbst vergegenwärtigen? Ein Beispiel dafür scheint mir mein eigener Umgang mit Alkohol zu sein. Ich trinke, wenn ich allein bin, äußert selten etwas. Befinde ich mich jedoch in Gesellschaft, oder besser gesagt in guter Gesellschaft, also unter Freunden, trinke ich in der Regel Wein und manchmal auch ein Glas zu viel. Dabei empfinde ich ein hohes Maß an Genuss. Und dieser Genuss ist, da bei diesen Gesprächen Alkohol im Spiel ist, von diesem nicht zu trennen. Auch dann, wenn ich mal ein Glas zu viel getrunken habe, gestehe ich mir das am Morgen danach mit schmunzelnder Nachsicht zu, ohne jedoch das geringste Verlangen nach Alkohol zu spüren. Für dieses wenn auch kleine Glück der von Alkohol begleiteten Unterbrechung meines Alltags würde ich mich zwar nicht hängen lassen wollen. Ich würde es aber mit Vehemenz gegen die Zumutung, darauf aus gesundheitlichen Gründen zu verzichten, verteidigen.

Gesundheitsmarkt

Durchgesetzt hat sich durch die nicht zuletzt von ökonomischen Interessen und Kostenminimierungsgesichtspunkten angetriebenen Gesundheitsprogramme eine völlig veränderte Affektregulation. Mit dieser gehen Normierungen einher, die auch vor der sogenannten Privatsphäre nicht haltmachen. Abzulesen ist das an dem erbitterten Kampf, der im Alltag gegen Raucher geführt wird. Nicht nur, dass sie aus der geselligen Öffentlichkeit verbannt wurden und nur noch an zugigen Ecken geduldet werden. Sie sind vielmehr drauf und dran, Parias unserer Kultur zu werden, zu denen man besser Abstand hält. Aber nicht deshalb, weil man die von ihnen in die Luft gepusteten Schadstoffe nicht einatmen möchte, sondern weil ihnen etwas zutiefst Fragwürdiges unterstellt wird, auf das man sich besser nicht näher einlässt. Die um sich greifende Intoleranz gegenüber Rauchern ist der Modellfall für den Umgang mit allem, was zum Risiko der Gesundheit erklärt und/oder als Belästigung empfunden wird. Nimmt man die letzten gegen Raucher ergangenen Gerichtsurteile beim Wort, dann scheint auch die bisherige Haltung ihnen gegenüber zu zerbröseln. Denn diese hat ihnen immerhin noch zugestanden, das, was sie angeblich machen müssen, zu Hause, in ihren Wohnungen, machen zu dürfen. Jetzt aber soll das Rauchverbot bis in die Wohnungen hinein durchgesetzt werden, was nichts anderes heißt, als dass Raucher nicht mehr in der Nähe geduldet werden sollen.

Die neuesten Entwicklungen auf dem Gesundheitsmarkt sind einer breiten Öffentlichkeit durch den Versicherer Generali bekannt geworden. Generali möchte jenen Kunden bessere Konditionen anbieten, die über die Gesundheitsapp

„Vitality" ihre Fitness-Daten, ihre Ernährungsgewohnheiten und ihren Lebensstil offenbaren und dem Versicherer bereitstellen. Belohnt werden sollen die Kunden dafür mit Gutscheinen und Rabatten auf die Versicherungsbeiträge. Nach einer heftigen Diskussion, bei der es vor allem um den Datenschutz, nicht aber um das eigentliche Problem dieser gesundheitlichen Selbstvermessung ging, meldete sich am 3. Februar 2015 im Berliner Tagesspiegel ein Vorstandsmitglied der Generali Deutschland zu Wort und verteidigte der wenig geneigten Öffentlichkeit gegenüber die Absichten seiner Firma. „Es geht", so meint er, „um den Anreiz, gesünder zu leben und sich Gesundheitsziele zu setzen, die man erreicht und deshalb belohnt haben möchte."[5] Mit anderen – und weitaus zutreffenderen – Worten geht es um den Anreiz zur Akkumulation von verzinsbarem Gesundheitskapital.

Es braucht wenig Phantasie – zumal immer mehr Gesundheitsplattformen auf den Markt drängen, mit denen sich sowohl die aktuelle gesundheitliche Verfassung eines Menschen als auch seine Einstellung in Bezug auf Gesundheit vermessen lassen –, sich auszumalen, wohin das führt. Zu nichts anderem als zu einem Kampf zwischen den Besitzern eines in bare Münze umsetzbaren Gesundheitskapitals und denen, die über ein solches Kapital, aus welchen Gründen auch immer, nicht verfügen. Dieser Kampf wird vorerst an den Rändern – unter den Mitgliedern von Privatversicherungen – ausgetragen. Aber er wird über kurz oder lang auch in die gesetzlichen Krankenversicherungen hineingetragen werden. Denn die Überzeugung, dass Menschen, die aufgrund eines vermeintlich gesunden Lebensstils weniger Kosten für

---

5 zit. n. Christoph Schmallenbach: „Versicherer gehen verantwortungsvoll mit Daten um", Der Tagesspiegel online, 03.02.2015.

die Gemeinschaft der Versicherten verursachen, auch finanziell belohnt werden müssen, ist in der gegenwärtigen Gesundheitsdebatte fest verankert. Und diese Überzeugung ist durchaus von der Art, das Solidarsystem aus den Angeln zu heben.

ULRIKE ACKERMANN

Plädoyer für die Freiheit des Genusses

Lebenslust und Genusskultur gelten zunehmend als gefährlich und werden immer weiter reguliert. Dagegen sollten wir unsere Mündigkeit verteidigen

„Freiheit ist die Gesundheit der Seele", gab uns Mitte des 18. Jahrhunderts Diderot, der französische Aufklärer, mit auf den Weg. Von diesem Motto scheinen wir uns heute weit entfernt zu haben.

Stellen wir uns eine Szene im Jahr 2020 vor: Sie gehen an einen Bahnhof, um Ihre Liebste oder Ihren Liebsten vom Zug abzuholen. Sie führen einen kleinen Korb mit sich, bestückt mit einer Flasche Champagner, die Sie gleich öffnen werden, sobald Sie die ersehnte Person in den Armen halten. Im Korb außerdem eine Schachtel Pralinés, bereits geöffnet. Bis der Zug einfährt, erlauben Sie sich, noch ein Zigarillo zu entzünden. Glauben Sie mir, innerhalb von Sekunden rufen umstehende Reisende die Bahnpolizei und Sie werden umgehend wegen Drogenkonsums in der Öffentlichkeit verhaftet: Alkohol, Tabak und obendrein noch verwerflicher Zucker! Dass muss natürlich bestraft werden! Nach dem flächendeckenden Rauchverbot wird, so vermute ich, der Alkoholkonsum auf dem Verbotsindex stehen, der Werbung für das Teufelszeug steht ja schon die Abschaffung bevor. Schon seit 2006 tüftelt der für Verbraucherschutz zuständige EU-Kommissar an seiner Anti-Alkoholstrategie. In seinem Gesetzesentwurf, den die Mitgliedsstaaten auf nationaler Ebene umsetzen sollen, werden Bier und Wein als „Rauschdrogen" gegeißelt. Bisher ist es Brauern, Winzern und Wirtschaftspolitikern noch gelungen, den Entwurf zu entschärfen. Aber auch die Drogenbeauftragten in Deutschland verfolgen weiterhin beharrlich die angestrebte Prohibition.

Dem Gesundheitsministerium wird es, in trauter Einheit mit Verbraucherverbänden und Krankenkassen, womöglich noch gelingen, alte Filme oder Talkshows, in denen ungeniert geraucht und getrunken wurde, aus dem öffentlich-rechtlichen Fernsehen zu verbannen, weil sie der Volksgesundheit schadeten. Auch die Sorge um übergewichtige Kinder ist längst umgeschlagen in einen Gesundheitswahn, der keinerlei Respekt mehr hat vor der privaten Lebensführung. Irgendwann wird es den Bäckereien an den Kragen gehen, weil sie mit dem Zuckergehalt ihrer feilgebotenen Waren in skandalöser Weise das dann gesetzlich vorgeschriebene Höchstmaß, das der Volksgesundheit zuträglich sein soll, überschreiten. Das Diktat des gesunden Lebens wird in volkspädagogischer Manier inzwischen gnadenlos exerziert. Man kann sich des Eindrucks nicht erwehren, dass Vater Staat seine Bürger wirklich für Kinder, bar jeder Eigenverantwortung, hält. Was früher harmlos Genussmittel hieß, wird heute als Droge bezeichnet, verteufelt und geahndet. Und umgekehrt steigt der Verbrauch von sogenanntem „functional food", das weniger als Lebensmittel, erst recht nicht zur Freude und zum Genuss, sondern vielmehr als eine Art lebensverlängerndes „Medikament" goutiert wird. Die besonders angereicherte Margarine für den Menschen ab 60, Cholesterin senkend und gedächtnisfördernd, das Trinkjoghurt für die werdende Mutter, mit wichtigen Mineralien und Spurenelementen versehen: So wird der Supermarkt allmählich zur Apotheke. Genießen ist out und stattdessen Askese angesagt: also auf ins tabakfreie, alkoholfreie und zuckerfrei gesunde Zeitalter.

Mentalitätswandel

Was waren das noch für Zeiten, als z.B. die „Kultur-Pflanze" Tabak aus der „neuen Welt" als „All-Heilmittel" gepriesen wurde. So fasste Gotthold Ephraim Lessing, einer der bekanntesten deutschsprachigen Philosophen und Dichter der Aufklärungszeit, die zeitgenössische Bedeutung des Tabaks in folgende Verse: „Dich Tabak, lobt der Medikus, / Weil uns dein fleißiger Genuß / An Zahn und Augen wohl kurieret / und Schleim und Kloster von uns führet."[1]

Über die Jahrhunderte waren Genussmittel immer wieder Gegenstand des Streits in den öffentlichen Debatten über Prävention, Prohibition und Mäßigung. Gestritten wird bis heute, wie das gesunde und gute Leben auszusehen hat. Es ist im Übrigen ein hoch interessantes Forschungsfeld, welche Rolle Genussmittel als soziale und kulturelle Faktoren spielen, wie sie Lebensstile und Lebensumstände charakterisieren, welche symbolischen Bedeutungen sie haben. Genussmittel können soziale Zugehörigkeit oder Abgrenzung markieren, identitätsstiftendes Element und Bestandteil unterschiedlicher sozialer, kultureller und individueller Praxen sein. Die Diskussionen in den letzten Jahren haben sich allerdings völlig auf die Kategorien Risiko und Sucht verengt. Sie zeigen, dass wir inzwischen von einer weitreichenden Medikalisierung der Gesellschaft sprechen können. Beunruhigend ist darüber hinaus ein schleichender

---

[1] Viktor Wendel (Hg.): „Pegasus in Tabakwolken. Deutsche Rauchergedichte vom Dreißigjährigen Krieg bis zur Gegenwart", W. Hiersemann 1934, S. 85.

Mentalitätswandel. War die Vorstellung davon, was das gute Leben ausmacht, früher stärker geprägt vom Genuss und einem positiv besetzten Hedonismus, so sind inzwischen die Ideale der Askese auf dem Vormarsch: Verzicht, Abstinenz und Mäßigung sind die neuen Tugenden, die heute gepriesen werden. Sie sollen die Verbesserung des Weltklimas, des ökologischen Gleichgewichts und natürlich die Volksgesundheit fördern.

Mit immer neuen Verordnungen, Richtlinien und Verboten wird aus Berlin und Brüssel eine Moralpolitik betrieben, die die Bürger erziehen und auf den richtigen Weg bringen will. Der ideale und glückliche Bürger hat dann sein Auto zugunsten des Klimas abgeschafft. Er verabscheut Tabak und Alkohol, Glücks- und Gewinnspiel und Zucker – all dies Teufelszeug der westlichen Dekadenz. Er verzichtet auf Fleisch, ernährt sich biodynamisch oder vegan, treibt täglich Sport, fährt naturgemäß mit dem Fahrrad zur Arbeit – und überprüft mit seinem Plastikbändchen ("wearable device") rund um die Uhr Herzfrequenz, Kalorienverbrauch und Schlaftiefe.

Genussmittel werden zum gefährlichen Stoff umgedeutet und dann verteufelt und geahndet – von Tabak, über Wein und Bier bis hin zum Zucker. Drogen machen bekanntlich süchtig und müssen bekämpft werden. So geraten interessanterweise auch immer mehr nichtstoffliche Genussmittel in den Fokus: Internet, Fernsehen, Glücks-, Gewinn- und Computerspiele. Vater Staat ist nun emsig darum bemüht, die Bürger vor sich selbst zu schützen und mittels Verboten die potenziellen Selbstgefährdungen zu bekämpfen. Untergräbt er aber damit nicht gerade die Selbstverantwortung seiner Bürger und macht sie zu Kindern, die nicht selbst für sich sorgen können?

Empirie der
Verbotsneigung

Doch auch die Bürger rufen nach staatlichen Verboten, die ihren Alltag regeln sollen – wie der alljährlich vom John-Stuart-Mill-Institut erhobene „Freiheitsindex" zeigt. Unsere Frage lautete: „Einmal unabhängig davon, ob das tatsächlich verboten ist oder nicht: Was meinen Sie, was sollte der Staat in jedem Fall verbieten, wo muss der Staat die Menschen vor sich selbst schützen?" 65 Prozent verlangen heute z.B. ein Verbot gesundheitsgefährdender, ungesunder Lebensmittel. Vor zehn Jahren forderten dies nur 54 Prozent der Bürger.

Auch die empirischen Daten zur Verbotsneigung der Deutschen im Hinblick auf den Verkauf von Tabak sind interessant. Sie stammen aus mehreren repräsentativen Bevölkerungsbefragungen, die im Rahmen des „Freiheitsindexes Deutschland" durchgeführt wurden. Die Befragungsresultate geben empirische Anhaltspunkte für eine interessante Binnendifferenzierung der Verbotsforderung in der Bevölkerung. So antworten im Rahmen verschiedener Umfragen, bei denen in den Jahren 2011 bis 2015 jährlich ca. 1600 Personen nach einem statistisch repräsentativen Verfahren befragt wurden, zwischen 11,3 und 15,5 Prozent der Befragten, der Staat solle den Verkauf von Tabak auf jeden Fall verbieten, um die Menschen vor sich selbst zu schützen.[2] Auffällig ist der für alle Untersuchungsjahrgänge feststellbare Unterschied an Zustimmung zwischen Ost- und Westdeutschland. Durchgängig tendieren die Ostdeutschen weniger zu einem

---

[2]   Vgl. Allensbacher Archiv IfD-Nr. 1077; 10097; 11012; 11023; 11039 = Freiheitsindex 2011–2015.

Tabakverkaufsverbot, was eine höhere Akzeptanz des Tabaks vermuten lässt. Ähnliche Unterschiede sind für die Differenzierung nach dem Geschlecht zu erkennen. Stärker als Männer sind Frauen im Rahmen der Repräsentativbefragungen dazu geneigt, ein staatliches Verbot zu fordern. Auch gibt es geringfügige Unterschiede zwischen Protestanten und Katholiken. Erstere tendieren alles in allem über die fünf Erhebungszeitpunkte hinweg betrachtet eher zu einem staatlichen Verbot des Tabakverkaufs. Diejenigen Befragten übrigens, die keiner der beiden christlichen Konfessionen angehören, rufen im Vergleich dazu weniger nach einem staatlichen Verbot.

Die hier zur empirischen Fundierung des Themas eröffnete Liste ließe sich noch um Elemente wie die Parteipräferenz und weitere sozialstatistische Kriterien, z.B. Altersgruppen, Einkommenssituation, Berufskreise oder Schulbildung erweitern. Vergleichbare Resultate erbringt die Frage, ob der Staat das Rauchen im Auto verbieten solle, die seit 2012 zusätzlich zur Frage nach einem Verkaufsverbot von Tabak gestellt wird. Mit Blick auf dieses Szenario neigen die Westdeutschen ebenfalls stärker zum Rauchverbot als ihre ostdeutschen Landsleute – wie dies analog für die dazu interviewten Frauen im Vergleich mit den befragten Männern der Fall ist. Und mit zunehmendem Alter der Befragten wird das Rauchen im Auto, wie unsere Ergebnisse zeigen, immer weniger akzeptiert. Im relativen Vergleich fordert die Gruppe der angelernten Arbeiter am wenigsten staatliche Eingriffe beim Rauchen im Automobil. In gewisser Weise ist das auch in ähnlichen Resultaten für die nach Gehaltshöhe gestaffelten Einkunftsgruppen zu erkennen. Und Anhänger der FDP sind, zumindest was das Rauchen in einem fahrbaren Untersatz anbetrifft, signifikant liberaler als Anhänger anderer zur Auswahl gestellter Parteien. Deren Anhänger rufen bei der aufgeworfenen Frage häufiger nach einem staatlichen Eingriff in die private Lebensgestaltung bzw. können sich eine staatliche Lenkung des Sozialverhaltens mit Verboten eher vorstellen.

Geschichte
des Genusses

Es gab aber auch schon ganz andere Zeiten. Ein Blick in die Geschichte der Genussmittel lohnt sich deshalb. Nicht zuletzt aus dem einfachen Grund, weil Schmecken die erste sinnliche Erfahrung des Menschen ist. Daraus entwickelt sich die Fähigkeit zur Geschmacksbildung, zur Differenzierung und Beurteilung und à la longue zur Steigerung des Geschmacks. Das heißt also, der konkrete Geschmack ist unser ursprünglichstes Urteilsvermögen. Und im Verlauf jeder Biographie, aber ebenso in der Zivilisationsgeschichte, entwickeln und verändern sich der Geschmack und die menschliche Genusserfahrung – und natürlich die Bewertung dessen, was man genießen will oder eben gerade nicht.

Noch im 11. Jahrhundert war der Pfeffer der König unter den Gewürzen. Hinzu kamen dann Zimt, Nelken, Muskatblüte und Ingwer, begleitet von orientalischen Luxuswaren wie Samt, Seide, Damast, Sofas und Baldachine. Die Verknappung des Pfeffers war dann der Anlass für große kulturelle und ökonomische Umwälzungen. Die Suche nach neuen Handelswegen begann. Mit den Kolonien und den Kolonialwaren kamen im 17. Jahrhundert neue Geschmacks- und Genussstoffe auf: Kakao, Kaffee, Tee, und später Schokolade und Zucker. Im Osmanischen Reich war, schon lange bevor Kolumbus auf die Karibischen Inseln stieß, der Kaffee ein

Volksgetränk. Ende des 16. Jahrhunderts lernten ihn die italienischen Konsumenten in Venedig kennen. Denn die Europäer hatten in ihren Kolonien begonnen, den Kaffee selbst anzubauen. In der medizinischen Literatur des 17. und 18. Jahrhunderts wurde der Kaffee als Allheilmittel gepriesen. Im Zeitalter der Aufklärung und Vernunft wurde der Kaffee dann zum Getränk des Bürgers. Er sorgte für Nüchternheit und Ernüchterung gegenüber dem Rausch des Alkohols, der der Geschäftstüchtigkeit des Bürgers abträglich war. Noch im Mittelalter waren die Zecherei im Wirtschaftshaus, die Rituale des Wetttrinkens von Wein und Bier oder die Biersuppe zum Frühstück ganz alltäglich und allseits beliebt. Doch mit der Reformation entwickelte sich allmählich eine neue Mäßigungsbewegung gegen Völlerei und Trunkenheit. Mittelalterliche Lebensfreude und protestantische Ethik mischten sich noch. Man erinnere sich: Martin Luther wetterte gegen die „Saufteufel" und lobpries zugleich „Wein, Weib und Gesang". Nüchternheit, Vernunft und Selbstkontrolle setzten sich mit der beginnenden Aufklärung als zentrale gesellschaftliche Tugenden durch.

Im Zeitalter der Protestantischen Ethik, der Vernunft und der bürgerlichen Emanzipation wurde der Kaffee gleichsam zur Produktivkraft. Man trank ihn vor allem in den entstehenden Kaffeehäusern. Zug um Zug entwickelten sie sich zu kommerziellen und journalistischen Kommunikationszentren, in denen beim Kaffeegenuss die Ideen für die Gründung von Zeitungen entstanden. Das Kaffeehaus wurde der Ort der bürgerlichen Öffentlichkeit, an dem sich das aufgeklärte, nach Freiheit strebende Bürgertum versammelte. Die öffentlich-heroische Phase des Kaffees ging einher mit dem Aufbruch in die Freiheit. Die Verfeinerung des Kaffee-, Tee- und Kakaogenusses verdankte sich einer immensen

Steigerung der Produktion des raffinierten Zuckers in den Kolonien Haiti, Guadeloupe und Martinique. Im 18. Jahrhundert explodierte der Zuckerkonsum. Vom Luxusgewürz wandelte sich der Zucker in ein alltägliches Lebensmittel für breitere Bevölkerungsschichten und versüßte die heißen Genussgetränke. Die Konfekt- und Süßigkeitenherstellung hatte dann Ende des 18. Jahrhunderts ihren ersten Höhepunkt. Während sich der Kaffee eher zum protestantisch-nördlichen Getränk mauserte, war dafür der Kakao in katholisch-südlichen Gefilden beliebter. Schokolade wurde mit Erotik in Verbindung gebracht und Kaffee galt eher als antierotisches Getränk.

Ähnlich wie der Kaffee wurde übrigens auch der Tabak, als er in Europa Einzug hielt, als ein die Lebensqualität bereicherndes medizinisches Produkt gehandelt. Kolumbus war auf seiner ersten Amerikareise auf den Tabak gestoßen. Ab der zweiten Hälfte des 16. Jahrhunderts wurde er auch in Europa angebaut. Rauchen, so damals die allgemeine Einschätzung, unterstütze die geistige Arbeit, fördere die Konzentration und Besinnlichkeit, ganz im Dienste der Vernunft. Gerade in Verbindung mit dem Kaffeegenuss, der stimulierend den Geist anrege, sorge der Tabak ergänzend für Beruhigung und Entspannung. Und beide Genussmittel wurden fortan als überaus förderlich für die zunehmende geistige Arbeit in der bürgerlichen Gesellschaft angesehen.

Im 17. und 18. Jahrhundert genoss man den Tabak in der Pfeife, am Beginn des 19. Jahrhunderts kam die Zigarre hinzu und in der zweiten Hälfte des 19. Jahrhunderts wurden die ersten Zigaretten geraucht. Das Rauchen in der Öffentlichkeit zählte übrigens zu den ausdrücklichen Forderungen der Demokraten des Vormärz. Bis dahin witterte die Obrigkeit in jedem öffentlich rauchenden Bürger einen aufmüpfigen Freiheitskämpfer, der die alte Ordnung untergraben wolle. Die Demokraten waren erfolgreich: Mit der Revolution von 1848 fiel in Preußen das Rauchverbot in der Öffentlichkeit. Dass auch einige Frauen sich erlaubten zu rauchen, empörte die Zeitgenossen allerdings gewaltig. In einem Zeitungsartikel hieß es damals:

„Die Frauen-Emanzipation schreitet in Deutschland, vorzüglich aber in Berlin, der intelligentesten Stadt Deutschlands, auf eine merkwürdige Weise vorwärts. Sie hat die überraschendsten Resultate. In den dortigen glänzenden Zirkeln sprechen Mädchen von 19 und 20 Jahren mit einer Sicherheit über Philosophen und Kammer- und Durchsuchungsgesetze, die ans Fabelhafte grenzt. Viele dieser Miniatur-George-Sands [George Sand war die Geliebte von Frederik Chopin, U.A.] verschmähen schon jetzt die Zigarre nicht; neulich kam es sogar vor, dass eine elegante Dame einen Herren mit brennender Zigarre auf offener Straße anhielt, um die ihrige anzuzünden. [...] Wie lange wird's noch dauern, so legen sie Hosen an, treiben die Männer mit der Reitpeitsche durch die Küche und säugen ihre Kinder zu Pferde! Kleinigkeit für Emanzipierte! Ein öffentliches Damen-Kaffeehaus wird schon eingerichtet, dort sollen zugleich Debatten über das Verhältnis der Frauen losgelassen, dabei Zigarrchen geraucht, die neuesten Journale gelesen, genug – ein Herrenleben geführt werden. Wie sich die Berliner Ehemänner freuen werden, wenn sie ihre liebenden Weiber mit brennender Zigarre an die Brust drücken! Auf jeden Fall – pfui Teufel!"[3]

---

3   Berliner Zeitung aus dem Jahr 1845 zit. n.: Klaus-Dieter Billerbeck: „Vom Rauch der Jahrhunderte", Books on Demand 2005, S. 171f.

Geschmack und Lebenslust
verteidigen

Wie dieser kleine Ritt durch die Geschichte gezeigt hat, haben sich die Ess-, Trink- und Rauchgewohnheiten und die Geschmäcker über die Jahrhunderte immer wieder verändert. Sie unterlagen wechselnden gesellschaftlichen Normen und sozialen Regelwerken. Markt und Wettbewerb haben das Angebot der Lebens- und Genussmittel erweitert und demokratisiert – indem Genussmittel, die vormals nur von den Oberschichten goutiert wurden, in immer breitere Bevölkerungskreise Eingang fanden. Diese Entwicklung ging einher mit einer Individualisierung des Geschmacks und der Ess- und Trinkgewohnheiten und zugleich einer Pluralisierung und Verfeinerung des Geschmacks. Wir können auf eine erfolgreiche Geschichte der Kultivierung des Appetits zurückschauen, aus der eine weitverzweigte Geschmackshierarchie entstanden ist. Doch immer sind mit den Objekten des Geschmacks und des Genusses soziale Wertungen verbunden, die sich im Verlauf unserer Geschichte wandeln: ob ein Genussmittel als Speise, als Getränk, als Medikament, als Gift, Droge oder Diät bezeichnet wird.

Als die Genussmittel im 17. Jahrhundert ihren Einzug in Europa hielten, waren sie neu und unbekannt, zuweilen auch kontrovers. Im Laufe des 18. Jahrhunderts setzten sie sich durch und immer breitere Kreise hatten ihren Lustgewinn daran. Die Gewöhnung setzte ein. Doch schon bald folgte die Domestizierung in Gestalt der Besteuerung. Der Staat schickte sich nun wie ein Vater an, die Genüsse seiner Bürger fortan lenken zu wollen – zu ihrem Besten, versteht sich. Gegenüber diesem staatlichen Paternalismus hat der englische Ökonom und Philosoph John Stuart Mill in seinem

Meisterwerk „On Liberty" 1859 die individuelle Freiheit und Selbstbestimmung der Bürger stark gemacht. Das eigentliche Gebiet der menschlichen Freiheit umfasst für Mill „erstens das innerliche Reich des Bewusstseins und begründet so die Forderung nach Gewissensfreiheit im umfassendsten Sinne, Freiheit des Denkens und des Fühlens, unbedingte Freiheit der Gesinnung und des Urteils in allen Angelegenheiten praktischer, philosophischer, wissenschaftlicher, sittlicher und theologischer Art. […] Zweitens verlangt dieser Grundsatz die Freiheit des Geschmacks und der Beschäftigungen; das Recht, den Lebensplan so zu gestalten, dass er unserem Charakter entspricht, und zu tun, was wir wollen – in Erwartung der Folgen, die uns treffen mögen, ohne hierbei irgendwelche Behinderung von unseren Mitmenschen zu erfahren, solange unser Tun ihnen keinen Schaden zufügt, auch wenn sie unser Benehmen für töricht, pervers oder falsch halten sollten."[4]

Für die Herausbildung des Geschmacks – das hat unsere Zivilisationsgeschichte gezeigt – ist die Freiheit die grundlegende Voraussetzung, ebenso wie für die Bildung zur Persönlichkeit. Mit seiner sinnlichen Wahrnehmung, angetrieben von Neugierde, Entdeckungslust und Erfahrungshunger, erwirbt das Individuum die Fähigkeit zu genießen, seine Genussfähigkeit sukzessive zu steigern und zu kultivieren. Die Freiheit der Wahl, sich zwischen verschiedenen Optionen und der Vielfalt der Angebote entscheiden zu können, ist dafür ebenso unabdingbare Voraussetzung. Damit erst können sich Urteilskraft und die Unterscheidung von Geschmacksnuancen

---

[4] John Stuart Mill: „Über die Freiheit", in: Ulrike Ackermann / Hans Jörg Schmidt (Hg.): John Stuart Mill. Ausgewählte Werke, Band 3: Freiheit, Fortschritt und die Aufgaben des Staates, Teilband 1: Individuum, Moral und Gesellschaft, hgg. und eingel. von Michael Schefczyk / Christoph Schmidt-Petri, Murmann 2014, S. 303–517, hier S. 319.

entwickeln. Genussfähigkeit, Lust und ihre Befriedigung und damit Wohlbefinden sind die Voraussetzungen für ein glückliches Leben und zugleich Antriebskräfte unseres zivilisatorischen Fortschritts. Es sind alles Elemente des Eros der Freiheit. Niemand ist im Übrigen gezwungen zu genießen, aber jeder hat die Freiheit, es zu tun. Sinnlichkeit ist eine zentrale Komponente unserer Person – nicht nur die Vernunft, das Maßhalten und die Selbstkontrolle. Und die Balance zwischen der Hingabe an den Genuss und der Kontrolle des Genusses liegt in der Hand und in der Verantwortung jedes Einzelnen. Das macht gerade die individuelle Freiheit aus. Sie auszuschöpfen, setzt ein Vorstellungsvermögen und ein Bewusstsein von Freiheit voraus. Das heißt letztlich Lebenskunst, das heißt „savoir vivre".

Der größte Schatz unserer Zivilisationsgeschichte ist die individuelle Freiheit. Jeder und jede kann sie auf ureigenste Weise nutzen und den unterschiedlichsten Genüssen frönen. Ob als Foie-gras-Liebhaber oder Currywurst-Fan, Darjeeling-Liebhaberin oder Espresso-Süchtiger, Gummibärchen-Spezialist oder Gemüse-Freak, Pfeifen- oder Zigarettenraucher oder Zigarillo-Genießerin. Der Pluralismus der Geschmäcker diskriminiert heute den Pils-Liebhaber nicht mehr gegenüber der Riesling-Trinkerin. Jeder kann auf seine Weise glücklich werden. Die westliche Zivilisation hat in Gestalt der offenen Gesellschaft im Prinzip die Freiheit dafür geschaffen. Und die sollten wir uns eigentlich von keinem nehmen lassen. Die Wertschätzung und Zulässigkeit des Tabakkonsums ist dabei leider Zug um Zug zumindest im öffentlichen Raum unter die Räder geraten. Mit dem Hinweis auf mögliche tödliche Folgen unterliegt dieser Genuss inzwischen fast einem Totalverbot. Was letztlich eine höchst gravierende Einschränkung der individuellen Freiheit eines jeden Einzelnen bedeutet.

Doch Maßhalten und Selbstkontrolle, eben die Balance zwischen der Hingabe an den Genuss und der Kontrolle des Genusses sind erstrebenswerte Fähigkeiten, die sich kaum über Verbote aneignen lassen. Sie können sich nur in Freiheit entfalten und sich als Kunst des guten Lebens allmählich entwickeln. Das Gegenteil von staatlichem Paternalismus ist Selbstverantwortung, Eigeninitiative und Selbstsorge, aus denen neues Selbstvertrauen und damit neue Lebensqualität der Bürger erwachsen können. Das ist genau der zuweilen mühselige Weg zur Mündigkeit. Um unsere Freiheiten zu schützen und auszubauen, muss man sich allerdings vehement für sie einsetzen, um sie streiten und sie immer wieder neu verteidigen. Und das, was wir einmal an Freiheitlichkeit und Freizügigkeit erreicht haben, sollten wir uns nicht nehmen lassen. Denn Freiheit heißt auch Lebenslust und das wiederum ist zugleich die Lust auf Freiheit!

„Eine freundliche Haltung zum Genuss ist sinnvoll"

Die Publizistin Gesine Palmer kritisiert den asketischen Zeitgeist und verteidigt den Wert des Genießens

NOVO: *Frau Palmer, u.a. aus einem religionswissenschaftlichen Hintergrund heraus haben Sie sich kritisch mit dem Thema Askese in unserer Zeit auseinandergesetzt. Bevor wir darauf näher eingehen: Was bedeutet Genuss für Sie?*

GESINE PALMER: Genuss kann im engeren Sinne z.B. sexuelle Lust oder einfach nur Ruhe sein. Ebenso höchster Genuss von Schönheit in Kunst und Kultur oder auch der Genuss der eigenen Anstrengung beim Sport oder der Arbeit. Ich würde sagen, Genuss ist ein ursprüngliches, leib-seelisch einheitliches Wohlgefühl.

Steht Askese notwendigerweise im Widerspruch zu Genuss?

Nein. Wahrscheinlich drehten sich die ersten Askese-Übungen – etwa Fastenbräuche – bereits um das Problem der Begrenzung und Unbegrenztheit von Genuss. Denn ohne Zeiten des Nicht-Genießens kann man kaum intensive Genussgefühle haben. Das Wünschenswerte oder das, was in der Askese zunächst angestrebt wurde, war eine gute Balance zwischen Genuss, der auch mal unkontrolliert sein konnte, und Kontrolle, die nachhaltigen

Genuss ermöglicht. Problematisch wird es für mich, wenn Askese der einzig erlaubte Genuss ist, der Verzicht überbewertet und der Genuss abgewertet wird.

In einem Beitrag im Deutschlandfunk haben Sie den heutigen Zeitgeist als exzessiv asketisch kritisiert. Wie genau meinen Sie das?

Vorab: Es ist immer schwierig, von einem Zeitgeist zu sprechen, weil der Begriff sehr abstrakt ist. Trotzdem ahnt jeder, was gemeint ist. Das Rauchen ist besiegt, jetzt ist der Alkohol dran. Bei einigen ist es Cannabis, bei anderen Sex. Für evangelikale Freikirchler ist selbst der Sportgenuss im Fitnessstudio eine Versuchung zur Selbstbeschäftigung, vergleichbar mit „narzisstischem" Sex. Das findet seinen Widerhall im Politischen. Wir hören ständig, Wachstum sei schlecht – und die Antwort kommt dann nicht auf der rationalen Ebene struktureller Vorschläge für die Gesellschaft, sondern auf einer individualisierten „Tugendebene": Wir müssen alle mehr verzichten und enger zusammenrücken, jeder Einzelne solle zum Beispiel in der eigenen Wohnung für Geflüchtete Platz machen oder auf seine Privatsphäre verzichten, solche Vorschläge kamen ja 2015 von manchen Grünen. Andere Varianten von Verzichtsforderung sind ähnlich irrational, das ganze Gerede von „raus aus der Komfortzone" etc. Ganz so als wäre Verzicht per se etwas Gutes und das Genießen etwas Schlechtes. Das empfinde ich als tief rückschrittlich. Wir haben seit der Aufklärung darum gekämpft, ein etwas entspannteres Verhältnis zum Genuss, zur einfachen Daseinsfreude, zu gewinnen – und das haben wir mit der Zeit auf verschiedenen Wegen zurückgedrängt.

Wie kam es dazu?

Es gibt viele Gründe. Einer ist sicher: Verzicht ist eine mögliche Antwort auf Angst vor Kontrollverlust. Wenn ich das Gefühl habe, bis 75 arbeiten und also fit sein und mich durch ständiges Sparen vor Armut schützen zu müssen, dann ist eine naheliegende Reaktion auf diesen Druck der Wunsch nach verstärkter Kontrolle. Nur wer sich von Kontrolle gar nichts mehr erhofft, wie die Mehrheit der Menschen in manchen völlig besiegten und abgehängten Milieus und Kulturen, neigt dazu, sich hängen zu lassen und von einer Wodkaflasche zur nächsten zu purzeln, weil sowieso alles verloren ist. Für viele andere ist heute die Totalaskese das Mittel, um ein Gefühl von Kontrolle im Leben wiederzuerlangen.

Totalaskese ist etwa beim übermäßigen Rauchen oder schweren Alkoholismus nach wie vor die erfolgreichste Maßnahme, denn ein normales, maßvolles Verhältnis zum Genuss dieser Drogen lässt sich ab einem bestimmten Stadium anscheinend nicht mehr herstellen. Bei weniger schweren Missbrauchsneigungen greift aber die Möglichkeit, eine Balance von Genuss und Verzicht, von „Triebaufschub" und „Triebbefriedigung" wiederherzustellen, die jeder Mensch übrigens ab dem Kleinkindalter wie von selbst lernt (und bei der der Beitrag bewusster Erziehung dazu übrigens in der Regel überschätzt wird). Für Menschen, die etwa „esssüchtig" sind, funktioniert radikaler Verzicht ohnehin nicht, weil sie sich ja weiter ernähren müssen. Eine „gesunde" Balance zwischen Genuss und Kontrolle erscheint mir „ursprünglich normal", sie wird aber heute wieder schwieriger – weil öfter gestört. Die Kontrollsucht tritt in vielen gesellschaftlichen Milieus an die Stelle einer oft nur vermeintlich exzessiven Genusssucht oder „Gier".

Mir scheint diese Kontrollsucht vor allem ein Mittelschichtthema zu sein. Sehen Sie das auch so?

Ja, man kontrolliert sich aus Angst davor, seinen Wohlstand zu verlieren. Ich ziehe gewissermaßen einen Zaun um meine Leidenschaften und meine Ängste. Je größer die Angst, die sich dahinter verbirgt, desto missionarischer wird das Verzichten. Es ist nichts dagegen zu sagen, dass Leute es genießen, leichter zu sein oder beim Sport zu schwitzen. Es ist wunderbar, einen Waldlauf zu machen, und gleichzeitig ist es ein entspannter und vernünftiger Umgang mit den Einsichten der modernen Medizin. Aber häufig geht der Verzicht mit einem erzieherischen, eifernden Überschwang einher, der auch andere Leute ihrer Freuden berauben will. Das drückt sich meist schon in den Gesichtern aus. Es gibt Menschen, denen sieht man an, dass sie das, was sie tun, gerne tun und genießen. Und es gibt andere, die müssen das permanent herumposaunen und wirken bei weitem nicht so zufrieden. Da ahnt man eine Verliebtheit in den Schmerz des Verzichts.

Welche gesellschaftlichen Akteure arbeiten an diesem asketischen Klima?

Es gibt einmal etwas, das ich die „Internationale der religiösen Reaktion" nenne. Leute, die, im Namen welcher Religion auch immer, über eine bestimmte Stufe der seelischen Entwicklung nicht hinauskommen. Sie dämonisieren den Genuss als egoistisch und sagen, die Gottesfurcht müsse an die Stelle des Genusses treten. Der einzig erlaubte Genuss ist die Ehre, die man als Askese-Meister in einer Religion erringt, etwa beim Fasten oder dem Verzicht auf Sex. Eine reichlich „narzisstische" Variante von Genuss bei Leuten, die gerade den „Narzissmus" der anderen unentwegt geißeln. Gleichzeitig ist Verzichtsdenken vor allem in den sehr privilegierten Gesellschaftsschichten stark ausgeprägt, wenn z.B. jemand gleichzeitig Extremsportler und Filmemacher ist und die totale Selbstkontrolle als der Gipfel der seelischen Ausgeglichenheit gefeiert wird. Vor 50 bis 70 Jahren hatten wir noch dicke, rauchende, trinkende Politiker und Künstler. Das ist aktuell selten geworden. Die meisten sind super disziplinierte Askese-Helden, die jüngeren, auch in der Wirtschaft, und sie müssen das offenbar sein, weil sie sonst ihr Programm gar nicht bewältigen könnten. Dazu kommt ein psychologischer Kontrollwahn. Alle möglichen Formen des abweichenden Verhaltens werden mit Krankheitslabeln belegt. Wenn jemand zu sehr trauert, ist er „depressiv", wenn er öfter mal die Beziehung wechselt, ist er „bindungslos". Kurzum: Es gibt eine genussfeindliche Durch-Pathologisierung und Durch-Kontrollierung sämtlicher menschlicher Lebensäußerungen.

Können Sie das etwas genauer erläutern?

Viktor Frankl, ein bekannter Psychologe, berichtete, wie sehr ihm als Gefangener im Konzentrationslager Auschwitz Drogen wie Kaffee, Zigaretten und Alkohol gefehlt haben. Er erkannte in der Zwangslage – genauer: im erzwungenen Zusammensein –, wie viel diese Drogen dazu beitragen, das Zusammensein mit anderen Menschen erträglicher zu machen. Die Menschen, die dort zusammengepfercht waren, so sagt er, seien zwar in mancher Hinsicht gesünder geworden, weil sie auf Genussmittel verzichten mussten – so hatten sie etwa besseres Zahnfleisch als vorher. Aber es sei gerade am Anfang (als man sich eigentlich noch als Teil einer zivilisierten Welt empfand, nur vorübergehend in etwas anderes versetzt) schockierend gewesen, auf so eine ungefiltert brutale Weise mit der Realität der eigenen Befindlichkeit und der Realität der anderen konfrontiert gewesen zu sein – ohne die Hilfe von Substanzen, die das Zusammensein mit anderen Menschen mildern und angenehmer machen. Frankl hat diese brutale, reizlose Realitätsempfindung klar als Mangel erkannt und sich nach der Hilfe von relativ harmlosen Drogen zur Linderung der allzu heftigen Erfahrung gesehnt.

Heute ist es eher andersherum. Die Leute fühlen sich „überfiltert" und „zu komfortabel" (meistens kommt das übrigens von Männern). Viele Filmemacher und Literaten sagen heute: „Die Masken müssen fallen. Alles muss weg, um an die ganz harte, echte, reine, wahre Realität ranzukommen." Dabei ist die Kulturgeschichte immer dann humaner gewesen, wenn sie anerkannt hat, dass es Dinge gibt, die man abfedern muss – wenn sie wusste, dass es ganz schön sein kann, durch alle möglichen Umstände und Drogen – leichte Drogen jedenfalls – die Gesellschaft der anderen und die Realität der eigenen Bedürfnisse erträglich zu machen. Wenn man alles nur auf Reinheit trimmt, auf totale Gesundheit und totale Realität, bekommt das eine Tendenz ins Totalitäre. Deswegen habe ich Frankl angeführt. Er beschreibt reflektiert, wie er die totalitäre Maßnahme schlechthin, das KZ, zuerst durch die Abstinenz von Alltagsdrogen als eine schockierende Realität wahrgenommen hat. Dass es später viel schlimmer kam, ist eine andere Sache – aber für diesen „Übergang" von Kultur zu blankem Horror ist die Beobachtung sehr interessant. Wie und durch welche Hilfsmittel ist die menschliche Gesellschaft überhaupt genießbar?

Welche Bedeutung haben bewusstseinsverändernde Substanzen und Rituale für das gesellschaftliche Zusammenleben?

Man muss in diesem Zusammenhang vor allem von Balancen reden. Der Wunsch, aus dem üblichen Bewusstseinszustand auszusteigen, ist menschlich. Sei es, weil man sich als zu kontrolliert empfindet – dann wird gerne zu Alkohol gegriffen, weil er ein bisschen enthemmt. Sei es, weil man sich als zu einfallslos empfindet – dann greift man vielleicht eher zu bewusstseinsverändernden halluzinogenen Drogen. Es gibt alle möglichen ekstatischen Rituale. Die sind aber ihrerseits immer von starken Kontrollmechanismen umgeben. Z.B. der Fußballrausch. Leute gehen ins Stadion und berauschen sich dort an dem Spiel. Das ist innerhalb einer bestimmten Situation eine Entfesselung. Oder Gospelgottesdienste in den USA, die sind auch ekstatisch. Das ist aber begrenzt auf eine bestimmte Zeit, in der man den Gottesdienst oder das Fußballspiel besucht. Danach geht das normale Leben weiter. Diese Dinge leben von dem Wechsel, von Normalzeit und festgelegter, in die Normalzeit eingeschalteter Auszeit. Ein weiteres Beispiel sind Trauergebräuche. Wer trauert, der braucht nach alter Sitte ein Jahr lang ein gewisses schonendes Verhalten von den Mitmenschen – und das wurde ihm auch zugestanden.

Solche Dinge gehen uns mit der Entkirchlichung und der Loslösung von religiösen Institutionen verloren. So entstehen individualisierte – und oft tatsächlich mit Kontrollverlust einhergehende – Exzesse. Einmal unpassend geworden, fliegen Menschen schnell aus allen ohnehin fragilen Zusammenhängen und entwickeln tatsächlich zunehmend pathologische Verhaltensweisen. Normalerweise wird in allen Kulturen der Wunsch nach Exzess kollektiv geregelt, durch bestimmte Institutionen, durch bestimmte Zeiten, in denen man Drogen nimmt, trauert, feiert, was auch immer. Heute kann schon die Geburt eines Kindes oder der Tod eines Ehepartners genügen, um das Leben eines Menschen völlig auf den Kopf zu stellen. Ausschluss aus der Gemeinschaft oder Underdog zu sein, bedeutet immer zuerst, an den Balancen von Exzess und Kontrolle nicht teilhaben zu dürfen. Darum ist das z.B. für die Religionsgemein-schaften so wichtig. Wenn Frauen beispielsweise in einer Kirche volle Funktionen einnehmen wollen, dann nicht, weil sie wild darauf sind, einen Vatergott zu verehren, sondern weil sie gesellschaftliche Teilhabe wollen, und zwar nicht nur als in Hinterzimmer gesperrte Mütter, sondern als volle Trägerinnen der sakralen, öffentlichen Funktionen. Denn: Über die Teilnahme am Wechsel von Genuss und Verzicht erlangen wir Zugang zu den höheren Kulturleistungen. Wer keinen Zugang dazu hat, für den ist es deutlich schwerer, einen Ausgleich zwischen Genuss und Verzicht herzustellen. Sie sehen bitte vor sich die alleinerziehende Mutter, die in irgendeine Sucht abgleitet.

Was braucht es heute, diesen Ausgleich zwischen Verzicht und Genuss wiederherzustellen?

Es gibt eine Reinheitsfantasie, die ihrerseits genauso rauschhaft ist wie der Rausch selbst, den sie negiert. Freud sprach in diesem Zusammenhang von „rauschhafter Askese". Das sollte nicht wieder unser Ideal werden. Ein gutes Beispiel für einen klugen Umgang mit dem Bedürfnis nach Rausch findet sich eher in der jüdischen Tradition. Einmal im Jahr, während des Purimfests, ist ausdrücklich in der Ritualordnung vorgeschrieben, dass man so viel Wein trinken soll, bis man umfällt. „Adloyada" heißt das, also bis du nichts mehr weißt. Dieser jährliche Rausch ist bei uns vielleicht mit der Tradition des Karnevals vergleichbar, wo man auch einfach mal die Zügel lockerlässt. Und das nicht, weil man herumtorkeln will, sondern weil auch der disziplinierteste Mensch irgendwo hin muss mit dem, was sich in ihm angestaut hat – dem, was sich nicht disziplinieren lässt, außer um den Preis einer völligen inneren Abtötung, die letztlich totalitäre Züge trägt. Eine größere Freundlichkeit sich selbst gegenüber ist sinnvoll. Wenn man Facetten seiner Persönlichkeit nur unfreundlich behandelt und ablehnt, führt das in feindselige, selbstdestruktive oder destruktive Exzesse. Eine freundliche Haltung zum Genuss ist letzten Endes moralischer als die altertümliche und regressive Haltung, die meint, moralischer Fortschritt, Tugend und geistige Leistung seien immer mit Triebverzicht und einer Dämonisierung der Triebe verbunden.

Welche Bedeutung hat der Genuss für unser individuelles Glück und unsere Freiheit?

Er ist essentiell. Was ist Glück, wenn nicht der Genuss eines schönen Raumes, eines guten Zustandes, einer erfüllbaren Hoffnung oder eines erreichten Ziels? Wenn Sie nur einen bestimmten Genuss haben, etwa den, ein Haus oder ein Auto zu besitzen und regelmäßig mit Ihren Freunden zu trinken und Fußball zu gucken, wenn das funktioniert, immer, dann gibt es Stillstand. Wenn auf andere Weise alles toll ist, dann gibt es auch Stillstand. Nichts bewegt sich. Das meinen die Leute mit ihrem Gemecker über die Komfortzone. Wenn es aber nur Streben gibt und der Genuss verdammt wird, weil er Stillstand bedeutet, dann entsteht letzten Endes auch ein destruktives Verhältnis. Und das trifft leider auf die meisten Menschen zu: dass sie vor allem Mangel an Genuss haben. Genuss ist aber die Essenz und das, was wir anstreben. Die Balance zwischen Genuss und dem Streben nach einer nachhaltig genießbaren Welt ist für jedes Individuum und auch für die Gesellschaft als Ganze enorm wichtig. Wenn ich den Genuss nicht mehr lieben kann und darf – den eigenen oder den der anderen – dann brauche ich auch keine Freiheit mehr. Für mich gehört das zusammen: Man darf genießen und sollte dem Genuss gegenüber genauso freundlich sein wie dem Streben.

CHRISTOPHER SNOWDON

Nur zu deinem Besten

Neo-Paternalisten, ob Nudging-Theoretiker oder harte Verbotsbefürworter, wollen Menschen zur Verfolgung ihrer vermeintlich „wahren" Interessen zwingen, insbesondere beim Rauchen und Essen

Zweifelsohne gibt es kognitive Verzerrungen wie übermäßigen Optimismus, Trägheit und hyperbolische Diskontierung[1], und man kann nicht leugnen, dass diese Vorurteile die Entscheidungsfindung beeinflussen. Die Erkenntnisse der Verhaltensökonomie sind interessant und sollten ernst genommen werden, aber wir sollten uns nicht von ihnen mitreißen lassen. In den meisten von Verhaltensökonomen zitierten, randomisiert-kontrollierten Studien reagiert nur eine Minderheit der Menschen auf „Nudges" (Anschubser). Nicht alle diese Experimente wurden erfolgreich durchgeführt, sei es im Labor oder in der realen Welt.[2] Die einbezogenen Szenarien sind manchmal trivial, oft unrealistisch und die Teilnehmer neigen dazu, durch Übung besser zu werden, d.h. sie werden mit zunehmender Vertrautheit mit dem Szenario „rationaler".

---

[1] Die Präferenz eines kurzfristigen Vorteils über einen größeren langfristigen.

[2] Tim van der Zee et al.: „Statistical heartburn: an attempt to digest four pizza publications from the Cornell Food and Brand Lab", PeerJ Preprints, 25.01.2017, und Angus Deaton / Nancy Cartwright: „Understanding and misunderstanding randomized controlled trials", NBER Working Paper 22595, 2016.

Die Nudger können uns Beispiele dafür geben, wie Menschen durch subtile Beeinflussung suboptimale Entscheidungen treffen, allerdings meist in Situationen, in denen die Einsätze niedrig sind und das Nachdenken schnell geht. Es ist schwieriger, Beispiele dafür zu finden, dass Menschen gegen ihre erklärten Präferenzen handeln, wenn der Einsatz hoch ist und die Optionen fair angeordnet sind. Wenn Personen eine klare Wahlmöglichkeit zwischen gesunden und ungesunden Lebensmitteln haben – zum Beispiel zwischen zuckerhaltigen und zuckerfreien Getränken –, entscheiden sich weiterhin Millionen für die ungesunde Variante. Die großen Portionen, die die Autorin Conly[3] verbieten will, sind in Restaurants nicht die Standardoption. Es ist immer billiger, auf Alkohol zu verzichten als zu trinken. Und niemand wird zum Rauchen „genudgt", im Gegenteil, in Ländern wie Großbritannien ist das Nichtrauchen klar die Standardoption. Menschen müssen sich bewusst und kostspielig für diese Verhaltensweisen entscheiden. Zweifellos spielen Trägheit und hyperbolisches Diskontieren eine Rolle bei Fettleibigkeit, und einige „Anschubser" scheinen Leuten tatsächlich zu besseren Ernährungsentscheidungen zu verhelfen.[4] Aber Rauchern, Alkoholikern und Couch-Potatoes hat das Anschubsen wenig zu bieten.

Es ist bezeichnend, dass die effektivste Intervention des Behavioural Insights Teams der britischen Regierung im Bereich der Gesundheitsförderung im Ratschlag an die Regierung bestand, E-Zigaretten in Ruhe zu lassen, während

---

3 Sarah Conly: „Against Autonomy: Justifying Coercive Paternalism", Cambridge University Press 2013.
4 Anneliese Arno / Steve Thomas: „The efficacy of nudge theory strategies in influencing adult dietary behaviour: a systematic review and meta-analysis", BMC Public Health online, 30.07.2016.

andere Länder sie verboten haben.[5] Nichts zu tun ist eine durchaus respektable Strategie – eine Abteilung in der Regierung, die Politikern zum Nichtstun rät, wäre lohnenswert –, aber es veranschaulicht die begrenzten praktischen Anwendungsmöglichkeiten der Nudge-Theorie.

Harte und weiche
Paternalisten

Im Gegensatz dazu hat der Zwangspaternalismus grenzenlose Möglichkeiten, viele von ihnen unheimlicher Natur. Obwohl Sarah Conly behauptet, eine Paternalistin der Mittel zu sein, fällt sie subjektive Urteile über die Ziele, die Menschen verfolgen sollten, nämlich Gesundheit, Langlebigkeit und Altersvorsorge. Die offenbarten Präferenzen der Menschen, wie sie sich in ihrem Alltagsverhalten zeigen, legen nicht gerade nahe, dass es sich bei diesen Zielen um ihre hauptsächlichen Ambitionen handelt. Denn obwohl sie in Umfragen sicherlich als erstrebenswert genannt werden, finden sie sich im Mittelfeld der Liste – zusammen mit anderen konkurrierenden Bestrebungen. Conlys Überzeugung, dass Langlebigkeit und finanzielle Sicherheit wünschenswert sind, ist schwer zu widersprechen.

Die implizite Annahme aber, dass diese Ziele andere Ziele überragen, ist ein Werturteil, zu dem niemand außer dem betroffenen Individuum selbst berufen ist. In der Praxis gibt Conly sowohl den Zweck (z.B. Langlebigkeit) als auch die Mittel (z.B. Verbot großer Lebensmittel-Portionen) vor. Sie wäre nur dann eine Paternalistin der Mittel, wenn jeder ausdrücklich erklären würde, dass Schlankheit, niemals

---

5   David Halpern: „Inside the Nudge Unit", WH Allen 2015, S. 188–97.

Rauchen und das Erreichen eines hochbetagten Alters ihre wichtigsten Ziele seien – und ihnen alles untergeordnet sei. Dies ist eindeutig nicht der allgemeine Wille der Menschheit oder auch nur eines großen Teiles. Wenn wir davon ausgehen, dass Menschen eine Vielzahl von gegensätzlichen Zielen und eine Reihe von unterschiedlichen Präferenzen verfolgen, ist der Einzelne am besten in der Lage, Kompromisse einzugehen. Thalers und Sunsteins Buch „Nudge"[6] ist explizit liberal, während „Against Autonomy" von Conly offen autoritär ist.

In „Why Nudge?"[7] weicht Cass Sunstein von seinen eigenen Prinzipien ab und erklärt seine Unterstützung für gesetzlichen Zwang, wenn auch in milder Ausprägung. Er führt die gleichen subjektiven Urteile ein und gibt Anlass zur gleichen Besorgnis gegenüber Elitedenken, Anti-Individualismus und Mehrheitstyrannei, die Conlys Art des harten Paternalismus eigen sind. Der Gegensatz zu John Stuart Mill ist klar. Über das Schadensprinzip sind Millionen Wörter geschrieben worden, und zwar in Mills „On Liberty"[8] in einer gedanklichen Klarheit, die in den Schriften der neuen Generation von Paternalisten („Neo-Paternalisten") nicht immer zu finden ist. In jedem möglichen Szenario, bei dem es um die Einschränkung der persönlichen Freiheit geht, können wir normalerweise erraten, was Mill tun würde. Obwohl sie eine neuartige Herangehensweise an Regulierung versprechen, bieten weder Nudge-Theoretiker noch Zwangspaternalisten einen so klaren Leitfaden für den Gesetzgeber. Wenn es den Nudgern mit ihren Prinzipien ernst wäre, würden sie zur Aufhebung Hunderter Gesetzen aufrufen. Wenn es den

6 Richard Thaler / Cass Sunstein: „Nudge. Wie man kluge Entscheidungen anstößt", Econ 2009.
7 Cass Sunstein: „Why Nudge?", Yale University Press 2014.
8 John Stuart Mill: „On Liberty", Penguin 1987.

harten Paternalisten mit ihrer Philosophie ernst wäre, würden sie eine Fülle drakonischer Gesetze fordern. Stattdessen suchen beide Fraktionen den Mittelweg der öffentlichen Meinung, sagen wenig über andere Themen als Rauchen, Fettleibigkeit und Privatverschuldung und berufen sich auf subjektive Urteile über Kosten und Nutzen.

Verhaltensökonomie bedroht Mills Freiheitsdoktrin nicht in der Weise, wie Neo-Paternalisten meinen – oder hoffen. Auf den ersten Blick ist es eine gewagte Behauptung, dass Menschen routinemäßig Dinge tun, die sie nicht tun wollen, und doch ist das die implizite Prämisse des Neo-Paternalismus. Sowohl Nudger als auch zwanghafte Paternalisten erklären, dass ihr Ziel darin bestehe, Menschen zu helfen, ihre eigenen, selbstgewünschten Präferenzen zu verfolgen. Woher kennen wir also die wahren Vorlieben einer Person? Für Mill war es einfach. Wir geben dem Menschen Freiheit und beobachten sein Handeln[9]: Seine freie Entscheidung ist der Beweis dafür, dass das von ihm Gewählte für ihn wünschenswert ist.

Was wollen
Menschen wirklich?

Als guter Ökonom ging Mill davon aus, dass Taten (offenbarte Präferenzen) mehr sagen als Worte (erklärte Präferenzen). Paternalisten hingegen neigen dazu, den angegebenen Präferenzen höheres Gewicht zu verleihen und gehen davon aus, dass ein mit bestimmten Bestrebungen unvereinbares Verhalten das Ergebnis von äußerem Druck oder innerer Schwäche sein muss. Aber gesagt hat man schnell

---

9 Ebd., S. 173.

etwas und Tugend kann man leicht behaupten. Auf die Frage nach ihren Zielen, Werten und Prioritäten wissen die Leute in Umfragen mit gesellschaftlich akzeptablen, übergeordneten Normen zu antworten – Dinge wie fit bleiben, ehrenamtlich tätig sein und die Umwelt schützen – auch wenn ihr eigentliches Interesse im Fernsehen und Trinken besteht.

In „Inside the Nudge Unit" beschreibt David Halpern[10] die Ergebnisse von zwei Verhaltensexperimenten, die eine „Zeitinkonsistenz" zu belegen scheinen, bei der Menschen im Hier und Jetzt unterschiedliche Entscheidungen treffen, als sie es für ihr zukünftiges Selbst tun würden: Rund drei Viertel der (dänischen) Arbeiter entschieden sich für Obst statt Schokolade, wenn ihnen diese in der folgenden Woche geliefert werden sollte, aber die Mehrheit entschied sich stattdessen für Schokolade, wenn sie am Lieferort die Wahl hatte. Ebenso wählen die meisten Menschen eine gesunde Snack-Variante anstelle einer ungesunden für später am Tag – besonders wenn sie gerade erst gegessen haben –, aber das Gegenteil ist der Fall, wenn sie unmittelbar vor der Verfügbarkeit des Snacks gefragt werden. Dasselbe scheint für andere Formen des Konsums zu gelten: Die meisten Menschen entscheiden sich bei der Auswahl eines Filmes für die nächste Woche für einen „anspruchsvollen" Film (wie „Schindlers Liste") und umgekehrt für einen „anspruchslosen" Film (wie „Vier Hochzeiten und ein Todesfall") am gleichen Abend. Was sollen wir daraus schließen? Halpern zufolge zeige dies, dass wir „in unserer Gegenwart gefangen sind" und verknüpft es mit hyperbolischen Diskontierungen: „Je ferner Kosten oder Nutzen in die Zukunft rücken, desto

---

10 Halpern, s. Anm. 4, S. 139.

unverhältnismäßig kleiner werden sie im Verhältnis zu den unmittelbaren Kosten und Nutzen". So ist es, aber das zeigt noch etwas anderes auf.

Die Menschen neigen dazu, anzunehmen – oder zu hoffen –, dass sie in Zukunft eine andere Perspektive haben werden. Wenn Sie jemals Monate im Voraus zugesagt haben, etwas zu tun, an dem Sie nicht sehr interessiert sind – wie z.B. eine Konferenz zu besuchen, die wahrscheinlich langweilig sein wird -, dürfte Ihnen diese kognitive Verzerrung vertraut sein. Wie ein Elefant in der Ferne wirkt der Termin sehr klein, solange er nur als Datum im Terminplan auftaucht. Man glaubt, willens und bereits zu sein, wenn es soweit ist, aber wenn der Tag dann wirklich kommt, fragt man sich, warum man überhaupt zugesagt hat. Dabei handelt es sich um eine kognitive Verzerrung, aber sie sagt mehr über Präferenzen zweiter Ordnung aus als darüber, dass die Menschen in der Gegenwart gefangen sind. Sie wünschen sich, die Art Mensch zu sein, dem langweilige Konferenzen, gesundes Essen und anspruchsvolle Filme Spaß machen. Sie hoffen, in naher Zukunft ein solcher Mensch zu werden. Aber sie sind nicht diese Art Mensch.

In den genannten Experimenten hatten die Teilnehmer eine klare Wahl. Sie mussten nicht für das Essen und die Filme bezahlen. Es gab nichts, was sie durch die Architektur der Auswahl hätte beeinflussen könnte, kein Nudging, keine Standardoption. Da sie sich für Schokolade und „Schlaflos in Seattle" entschieden haben, müsste man ihnen schon einen gewaltigen Vertrauensvorschuss einräumen, um zu schlussfolgern, dass sie in Wahrheit Sellerie und „Das Piano" bevorzugt hätten. Ja, sie wählten gesunde Lebensmittel und anspruchsvolle Filme für ihr zukünftiges Selbst aus, aber etwas auf morgen zu verschieben, ist nur einen Schritt davon entfernt, es überhaupt nicht zu tun. Diese Experimente zeigen bestenfalls, dass die Menschen wissen, was eine idealisierte Version von ihnen selbst tun würde. Ungünstigerweise zeigen sie aber auch, was die Menschen wirklich wollen. Die einzige kognitive Verzerrung, die im obigen Beispiel auffällt, ist ein zu optimistischer Blick auf zukünftige Ereignisse. Man kann nicht ernsthaft behaupten, dass Menschen süchtig nach Unterhaltungsfilmen sind. Das Anschauen birgt in Zukunft keine Gesundheitsrisiken, die von einem rücksichtslosen Betrachter ignoriert werden könnten. Die Menschen bevorzugen sie wirklich, auch wenn sie wissen, dass sie es nicht sollten. Wenn sich in diesen Experimenten eine „wahre" Präferenz offenbart, dann die zu kleinen Lastern.

BILL WIRTZ

Sündensteuern auf dem Vormarsch

Auf alkoholische Getränke, Tabakwaren und bestimmte Nahrungsmittel werden zunehmend hohe Strafsteuern erhoben. Diese schränken die Konsumfreiheit ein und führen selten zu weniger Konsum

Ob Alkohol, Tabak oder zuckerhaltige Getränke: Jeder Mensch hat eine Reihe von „Sünden", die er freiwillig begeht. Es ist allgemein bekannt, dass viele Politiker versuchen, diesen freien Entscheidungen mit der geballten Macht des Staates entgegen zu treten. In den letzten Jahren haben es sich Vertreter des Gesundheitsbereichs zur Aufgabe gemacht, den Lebensstil der Menschen direkt und indirekt zu regeln. Daher ist der so genannte „Nanny-Staat" entstanden, der sich als kompetent erachtet, den „korrekten" Konsum von verschiedenen Gütern zu erfassen. In den letzten Jahren hat der Druck (und Einfluss) dieses bevormundungsstaatlichen Ansatzes rasant zugenommen.

Der britische Abgeordnete Iain Macleod benutzte das Wort „Nanny State" bereits in den 1960er-Jahren. Obwohl der Nanny-Staat weitgehend ein Phänomen Nord- und Westeuropas ist, dehnt er sich auf Mittel- und Osteuropa aus, gefördert von einzelnen Staaten wie dem Vereinigten Königreich, von der Europäischen Union sowie internationaler Organisationen wie den UN und der Weltgesundheitsorganisation.

Alkohol

„Der Alkohol ist des Menschen Feind, doch in der Bibel steht geschrieben, auch deine Feinde sollst du lieben."[1] Sei es Frank Sinatra, als möglicher Urheber dieses Zitats, oder die lauten Verfechter der Prohibition im 19. und 20. Jahrhundert[2]: Die Positionen des Staates zum Thema Alkohol waren sicherlich immer zweideutig. Die Zahlen deuten darauf hin, dass die Trinkprävalenz im Laufe der Zeit abgenommen hat: WHO-Zahlen zufolge ist der gesamte Alkoholkonsum in Europa (in Liter puren Alkohols) pro Kopf von 12,5 Liter im Jahr 1961 auf etwas über 10 Liter im Jahr 1999 gesunken.[3] Bei der Betrachtung des globalen Gesamtalkoholkonsums ist zu beobachten, dass es starke Schwankungen gibt, die nicht unbedingt einen allgemeinen Trend erklären. So war beispielsweise der Spitzenwert des europäischen Konsums von 1979 angesichts des allmählichen Rückgangs, der in den nächsten Jahrzehnten folgte, nicht signifikant, um einen Trend für seine Zeit zu setzen. Dies stellt bestimmte Schlagzeilen über explodierende Raten des Alkoholkonsums, deutlich in Frage.

Während das erste Ziel der Steuererhebung in Europa darin besteht, die Einnahmen zu erhöhen, soll sie zunehmend auch bestimmte Verhaltensweisen verhindern. Beispiele finden sich in der Erhöhung der Tabak- und Alkoholsteuern.[4]

---

[1]   Joel M.D. Kahn: „Another New Year Another Past, Same Old Hangover?", Huffington Post online, 01.06.2016.
[2]   Ruth C. Engs: „Phases of health-reform movements" in: „Clean Living Movements: American Cycles of Health Reform", Praeger Publishers 2000.
[3]   WHO: „Global Status Report on Alcohol", Department of Mental Health and Substance Abuse 2004, S. 9–12.
[4]   Georg Kofler et al. (Hg.): „Human Rights and Taxation in Europe and the World", International Bureau of Fiscal Documentation (IBFD) 2011, S. 521.

Um den Gesamtalkoholkonsum zu senken, angetrieben von der Idee, dass die öffentliche Gesundheit in Europa – trotz des langfristigen Rückgangs des Alkoholkonsums – in Gefahr sei, etabliert die Politik Sündensteuern.[5] Dies geschieht durch unterschiedliche Mehrwertsteuersätze auf Alkohol, insbesondere aber durch Verbrauchssteuern.

Beim Vergleich der Verbrauchsteuersätze in ganz Europa zeigt sich, dass die mittel- und osteuropäischen Länder Sätze wählen, die unter dem Durchschnitt anderer Regionen in Europa liegen. So liegen beispielsweise die Steuern für Schaumwein in der Tschechischen Republik, Estland, Kroatien, Ungarn oder der Slowakei im Jahr 2017 nahe bei 0. Tatsächlich sind die Verbrauchsteuern auf Stillwein und Sekt nur in west- und nordeuropäischen Ländern hoch, die auf diesen Gebieten vernachlässigbare Produktionsraten aufweisen, wie beispielsweise Großbritannien, Irland, Schweden, Finnland oder Dänemark.[6] Beim Ethylalkohol, auch als ‚starker Alkohol‘ bekannt, sehen wir 2017 deutlich höhere Sätze. Nur eine Handvoll Staaten, darunter Bulgarien, Kroatien und Rumänien, haben einen Verbrauchsteuersatz von unter 1000 Euro pro Hektoliter.

In einer umfassenden Übersicht über die alkoholische Besteuerung und die Schattenwirtschaft in Estland erläutert Robert Müürsepp den Zusammenhang zwischen einer erhöhten Verbrauchsteuer und der Entwicklung des illegalen Handels und erklärt, dass „Befürworter der Erhöhung der Verbrauchsteuer unter dem Motto der Rettung der öffentlichen Gesundheit, behaupten, dass es möglich sei, die Steuern

5   WHO: „European action plan to reduce the harmful use of alcohol 2012-2020", WHO Regional Office for Europe 2012, S. 24f.
6   „Excise Duty Tables (shows the situation as at July 1, 2017)", Europäische Kommission online 2017.

zu erhöhen, um den Alkoholkonsum zu senken. Während dies in der Theorie gilt, ist es im wirklichen Leben aufgrund der Volatilität der Schattenwirtschaft schwer zu erreichen."[7] Selbst wenn also der Verbrauch unter der Wirkung eines bestimmten Bündels steuerpolitischer Maßnahmen sinkt, bedeutet dies nicht, dass der Gesamtverbrauch zurückgegangen wäre, da die Schattenwirtschaft eine wichtige Rolle im Verbraucherverhalten spielt.

Eine Überprüfung von 19 Studien durch Ökonomen der Pennsylvania State University Nelson ergab nur zwei Beispiele einer signifikanten und substanziellen Senkung der Trinkraten als Reaktion auf Alkoholpreissteigerungen – „und selbst diese beiden zeigten gemischte Ergebnisse".[8] Robert Pryce fand heraus, „dass preisbasierte Maßnahmen aufgrund ihrer geringen absoluten Preiselastizität wenig Einfluss auf die Verringerung des hohen Konsums haben werden."[9]

Nehmen wir das Beispiel der Mindestpreise pro Einheit für Alkohol in Schottland. Nach einer jahrzehntelangen Fehde mit den Herstellern haben die Schotten die Mindestbesteuerung von Alkohol erst kürzlich eingeführt. Das Gesetz, das das schottische Parlament 2012 verabschiedete und dessen Umsetzung der Oberste Gerichtshof erst vor kurzem gestattete, sieht einen Mindestpreis von 50 Pence pro Alkoholeinheit vor, was den niedrigsten Preis einer Flasche Whisky auf 14 Pfund anhebt.[10]

---

[7] Robert Müürsepp: „Alcohol Excise and the Shadow Economy in Estonia" in: Olga Łabendowicz (Hg.): „Unraveling Shadow Economy", 4Liberty.eu Review Nr. 3, 2015, S. 82–92.
[8] John P. Nelson: „Does Heavy Drinking by Adults Respond to Higher Alcohol Prices and Taxes? A Survey and Assessment" in: Economic Analysis & Policy 3/2013, S. 278.
[9] Robert Ewan Pryce: „The Economics of Alcohol", Lancaster University 2016, S. 47.
[10] Elisabeth O'Leary: „Scotland becomes minimum alcohol price trailblazer in bid to boost public health", Reuters online, 15.11.2017.

Der Europäische Gerichtshof in Luxemburg hatte 2015 entschieden (Urteil C-333/14), dass Schottland nur dann Mindestpreise festlegen darf, wenn es nachweisen kann, dass
die Maßnahme die Gesundheit der Bevölkerung verbessern
würde.[11] Der Oberste Gerichtshof des Vereinigten Königreichs
kam jedoch in einem Urteil aus dem Jahr 2017[12] zu dem
Schluss, dass „die Mindestpreisgestaltung ein verhältnismä-
ßiges Mittel zur Erreichung eines legitimen Ziels ist". Wird
dies von der Wissenschaft gestützt? Das Gegenteil ist der
Fall: Kein Beweis deutet darauf hin, dass eine Mindestpreisgestaltung den Konsum von Spirituosen tatsächlich senken
würde. Die empirischen Belege zeigen, dass die Reaktion der
stärksten Trinker auf Preisänderungen statistisch nicht von
Null zu unterscheiden ist.[13] Noch neuere Studien legen dar,
dass starke Trinker eine sehr geringe Reaktion auf Preisänderungen aufweisen.[14] Es spielt offenbar keine Rolle, ob diese politische Maßnahme funktioniert oder nicht, solange sie
gute Absichten verfolgt.

[11] Court of Justice of the European Union: „The Scottish legislation introducing a minimum price per unit of alcohol is contrary to EU law if less restrictive tax measures can
be introduced", 23.12.2015.
[12] The Supreme Court: „Scotch Whisky Association and others (Appellants) v The Lord
Advocate and another (Respondents) (Scotland)", 15.11.2017.
[13] Willard G. Manning et al.: „The demand for alcohol: the differential response to
price", Journal of Health Economics 1995, S. 123–148.
[14] Robin C. Purshouse et al.: „Estimated effect of alcohol pricing policies on health and
health economic outcomes in England: an epidemiological model", The Lancet 9723/2010,
S. 1355–1364.

Tabak und
Schattenwirtschaft

Die Tabaksteuerpolitik unterliegt einer kontinuierlichen politischen Debatte und ist einer der wichtigsten Einflussfaktoren der Politik auf den Konsum einschlägiger Produkte. Der übergreifende Konsens in der Öffentlichkeit besteht darin, dass Steuererhöhungen den Konsum von Tabakerzeugnissen verringern, wobei verschiedene Studien die Preiselastizität auf Minus 0,4[15] festlegen. Die internationale Forschung variiert, inwieweit die Verteuerung von Zigaretten die Menschen zum Ausstieg zwingt und verhindert, dass Ex-Raucher wieder anfangen, oder ob sie die beste Strategie zur Senkung des Tabakkonsums ist.

Allerdings ist die Berechnung der Raucheranteile durch die offiziellen Verkaufszahlen von vornherein irreführend, da Schwarzmarktverkäufe weit verbreitet sind. Der illegale Tabakhandel ist ein globales Problem, auf das schätzungsweise 10,4 Prozent des weltweiten Zigarettenmarktes entfallen. Der Steuerausfall in Europa wird auf 11,3 Milliarden Euro pro Jahr geschätzt.[16] Tatsächlich haben die osteuropäischen Länder zu diesem Trend der „illegalen Weißen" (illegal whites), d.h. Zigaretten, die in einem Land legal hergestellt wurden, aber ohne Zölle in ein anderes Land geschmuggelt wurden, am meisten beigetragen. Weißrussland ist über eine Vielzahl von Marken Quelle Nummer 1 für die illegalen Weißen in der Europäischen Union. Im Jahr 2014 stammte

---

[15] „Curbing the Epidemic. Governments and the Economic of Tobacco Control", World Bank 1999. Eine zehnprozentige Preiserhöhung würde also eine vierprozentige Konsumreduktion zur Folge haben.
[16] Sarantis Michalopoulos: „Cheap whites': the new trend dominating tobacco black markets", Euractiv.com, 03.10.2016.

der größte Teil der geschmuggelten und gefälschten Zigaretten im Vereinigten Königreich mit 15,7 Prozent aus Weißrussland; in Deutschland stammten mit 20,1 Prozent die meisten aus der Tschechischen Republik; in Österreich kam der größte Teil (26,6 Prozent) illegaler Zigaretten aus Ungarn.[17]

Zucker- und fettreiche
Produkte

Zuckerhaltige Produkte und so genannte „fettige" Lebensmittel stehen wegen der gegen sie gerichteten gesundheitlichen Bedenken zunehmend in der Kritik. Die bereits bestehenden Nanny-State-Gesetze sind allerdings nicht so weitreichend wie in den Bereichen Tabak und Alkohol. Die meisten Regierungen drängen darauf, den Konsum von Zucker in der Gesellschaft zu begrenzen, sei es durch das Verbot der unbegrenzten Nachfüllmengen von Softdrinks in Frankreich oder durch die Softdrinksteuer in Irland. Frankreich erhebt eine solche Steuer seit 2012, doch steigende Verbreitung von Fettleibigkeit und das Fehlen von Langzeitstudien machen es schwierig, die Wirkung bereits jetzt zu bestimmen. Die Bewertung der bevölkerungsweiten Adipositasraten ist grundsätzlich eine komplizierte Aufgabe. Ein bemerkenswertes Beispiel wie die dänische „Fettsteuer" fällt jedoch auf.

Im Oktober 2011 führte Dänemarks damalige Koalition eine Steuer auf „dickmachende" Lebensmittel und Getränke wie Butter, Milch, Käse, Fleisch, Pizza, Öl ein, sofern sie mehr

---

17 KPMG: „A study of the illicit cigarette market in the European Union, Norway and Switzerland", 2014.

als 2,3 Prozent an gesättigten Fettsäuren enthielten.[18] Nach 15 Monaten wurde die Steuer von der gleichen parlamentarischen Mehrheit aufgehoben, da die Dänen die Maßnahme als gescheitert ansahen. Bei der Analyse der Auswirkungen in den 15 Monaten, in denen die Steuer in Dänemark in Kraft war, lässt sich nämlich ein leichter Rückgang des Verbrauchs von fetthaltigen Lebensmitteln und Getränken um 0,9 Prozent feststellen, der innerhalb der Fehlertoleranz liegt.[19] Im Übrigen ist es für niemanden von Vorteil, wenn sich die Verbraucher für minderwertige Produkte mit der gleichen Menge an Zucker und Fett entscheiden, nur um dem Preis für ihren Konsum gleich zu halten.[20]

Es sollte eine persönliche Entscheidung bleiben, ob man fettreiche Lebensmittel konsumieren möchte. „Jedes Mal, wenn man Zigaretten oder ungesundes Essen kauft, und jedes Mal, wenn man kein Essen kauft, das gut für einen wäre, trifft man seine persönliche Kosten-Nutzen-Abwägung."[21] Die Verbraucher würden sich nicht für den Kauf dieser Waren entscheiden, wenn sie nicht davon überzeugt wären, dass sie ihr persönliches Wohlbefinden steigern würden: Es findet kein freiwilliger Austausch (hier: Einkauf) statt, es sei denn, beide Parteien profitieren davon.[22] Stella Zawistowski schreibt in The Objective Standard: „Die richtige Rolle der Regierung besteht nicht darin, unsere Kalorien zu zählen oder unser Gewicht zu überwachen, sondern unsere Rechte zu schützen.

---

[18] „Denmark introduces world's first food fat tax", BBC online, 01.10.2011.

[19] Malene Bødker et al.: „The Danish fat tax—Effects on consumption patterns and risk of ischaemic heart disease", Preventive Medicine 77/2015, S. 200-203.

[20] Siehe dazu: Bill Wirtz: „USA gegen WHO-Zuckersteuern", Novo online, 27.06.2018.

[21] Ninos P. Malek: „Fast Food and Personal Responsibility", Foundation for Economic Education 2003.

[22] Public Broadcasting Service: „On Freedom and Free Markets" (Interview mit Milton Friedman), 2000.

Der Staat hat kein moralisches Recht, sich in die Angebote eines Lebensmittelherstellers, die Speisekarte eines Restaurants oder die Ernährung einer Person einzumischen. Und wenn der Staat sich ein gesetzliches Recht dazu geschaffen hat, sollten solche Gesetze aufgehoben werden."[23] Im Wesentlichen erlaubt Freiheit dem Einzelnen, Entscheidungen zu treffen, die nicht in jeder Hinsicht gesund sein mögen, und gibt ihm das unveräußerliche Recht, unabhängig davon zu entscheiden.

23 Stella Zawistowski: „Of Freedom and Fat: Why Anti-Obesity Laws Are Immoral", The Objective Standard, 24.01.2014.

2.

DER GENUSS UND
SEINE FEINDE

DETLEF BRENDEL

Angstfrei
essen

**Viele reden uns Angst vor Lebensmitteln
und Übergewicht ein: Politiker, NGOs,
die Weltgesundheitsorganisation und
Pharmakonzerne. Dahinter stecken
deren Interessen, nicht unsere**

Es vergeht kaum ein Tag ohne negative Nachrichten über
Lebensmittel, über die Nahrungsmittelhersteller oder
grundsätzlich über unsere eigentlich bewährte Ernährungs-
weise. Das Müsli schmeckt zu gut, weil es Sucht erzeugenden
Zucker enthält. Fleisch macht aggressiv, nachdem die Rinder während ihres Lebens ohnehin schon den Klimawandel
durch Blähungen beschleunigt haben. Im Bier findet eine
perfekte Analytik Spuren von Glyphosat, das bei 1000 Litern
täglich das Krankheitsrisiko erhöhen kann. Der Döner enthält Phosphat und soll verboten werden, obwohl dieser
Stoff im menschlichen Körper nicht problematisch, sondern
für die Knochenbildung wesentlich ist. Limos machen Karies, eine Zahnerkrankung, die nach der Studie der Zahnärzte
wegen der gestiegenen Mundhygiene kaum noch existiert.
Und wer nicht vegan lebt, sondern die traditionelle Küche
liebt, den bringen zur Strafe die Eier durch Herzinfarkt um,
so hatte man uns über 30 Jahre eingebläut – bis die Chole-
sterin-Warnung zurückgenommen wurde. Und in der Tat
zeigt die nüchterne Betrachtung, dass jeder, der ein Leben
lang gegessen hat, am Ende verstorben ist. Wir haben eine
Sterblichkeit von 100 Prozent.

Die Menschen sind einem permanenten Trommelfeuer von Behauptungen, mehr oder weniger belegten Theorien und Interpretationen ausgesetzt. Vor allem durch wirtschaftliche Interessen oder Ideologien begründete Angriffe entsteht ein Zerrbild, an dessen Gestaltung Journalisten oft als Handlanger – wenn man darunter wenig kompetente Erfüllungsgehilfen ohne kritische Befragung der Stichwortgeber versteht – mitarbeiten. NGOs bestimmen wesentlich die Agitation. Aber die Agenda wird auch von anderen Interessen geprägt. Am wenigsten wird sie von seriösen Ernährungswissenschaftlern beeinflusst, die noch an die evidenzbasierte Wissenschaft glauben. Deren zweifelnde oder mahnende Kommentare bleiben zumeist ungehört, weil sie erstens das Geschäft mit der Angst stören und ihnen zweitens Parteilichkeit unterstellt wird. Da haben es diejenigen, die sich als Schützer der Verbraucher gegen die sie angeblich vernichtende Wirtschaft gerieren, erheblich besser.

Genuss
und Angst

Die kontinuierlich geführte Angst vor der täglichen Ernährung schafft einen Nährboden der gesellschaftlichen Verunsicherung. Wenn schon die täglichen Nahrungsmittel, die zum Erhalt des Lebens benötigt werden, bedenklich sein sollen und deren Produzenten – vom Landwirt bis zum Nahrungsmittelhersteller – in Misskredit gebracht werden, gibt es noch weniger Vertrauen in die Wirtschaft insgesamt und speziell auch in die Entwicklung einer globalen Wirtschaft. Ebenso betroffen ist davon natürlich auch die Politik, die offenbar noch nicht einmal in der Lage ist, uns ein gesundes Frühstück zu garantieren. Da spendet man doch lieber denen Beifall und Geld, die das erkannt haben wollen und uns Heil versprechen.

Genuss ist ein rationaler oder emotionaler Zustand, den man mit sich selbst erlebt. Er ist individuelle Wahrnehmung. Nicht isoliert, sondern durchaus auch gemeinsam mit anderen Menschen – aber individuell an den eigenen Kriterien des Genusses orientiert. Die Menschen suchen nach Identität. Das Essverhalten ist dabei ein Faktor von zunehmender Bedeutung. Man traut nicht mehr seinem eigenen Gefühl und stellt sich die Frage: „Worauf habe ich Appetit?". Man empfindet Essen stattdessen als Bedrohung und vegetiert mit der bangen Frage: „Was schadet mir am wenigsten?". Man unterwirft sich Normen, deren Einhaltung das Gefühl einer Zugehörigkeit vermittelt.

Eigentlich war das Essen ein Genuss. Aber es keimen Zweifel. War das kulinarische Ereignis mit seinen exotischen Zutaten im Hinblick auf Nachhaltigkeit und Sozialverträglichkeit politisch korrekt? Lässt die aromatische Salzkruste den Blutdruck steigen? Wieviel den Geschmack optimierender Zucker war in allen Köstlichkeiten und dürfen ein oder zwei weitere Löffel Zucker in den Espresso, ohne Suizid auf Raten zu begehen? Kann es überhaupt politisch korrekt sein, sich an einem Essen zu erfreuen und es sogar zu genießen? Vielleicht wäre Haferbrei mit Milch in jeder Hinsicht korrekter gewesen. Aber Milch soll auch nicht so gesund sein, wie wir von Kindesbeinen an geglaubt haben.

Das befreite Genießen steht auf dem Index. Warum entwickelt sich ein Meinungsklima, das die Freude an der Ernährung nimmt und den Genuss als schädlich erscheinen lässt? Gibt es eine Lust an der Angst? Zweifellos gibt es gute und schlechte Ängste. Vor allem möchte man aber für seine Angst nicht selbst verantwortlich sein. Die Angst, durch einen falschen Lebensstil dick zu werden, die man durch den richtigen Lebensstil eliminieren könnte, wird ersetzt durch die Angst vor Lebensmitteln, vor Schokolade, Zucker und grundsätzlich vor Genuss. Dann sind nämlich die anderen schuld, die diese Genussobjekte preiswert in großer Vielfalt verfügbar machen. Die Verschwörungstheorie, dass wegen des Zuckers wohlschmeckendes Tomatenketchup nur produziert wird, um die Gesundheit des Verbrauchers anzugreifen, trifft auf sensibel getrimmte Ohren.

Zucker als Sündenbock

Was den Menschen nicht schmeckt, taugt nicht für den propagandistischen Kampf. Deshalb ist in jüngster Zeit vor allem der Zucker zur Zielscheibe der Agitation geworden. Er transportiert als Baustein vieler Nahrungsmittel Wohlgeschmack. Er ist zudem als angeblicher Schurke leicht merkfähig. Zucker ist kein Problem, sondern der arme Sündenbock in einer Strategie mit gewaltigen wirtschaftlichen Interessen. Er wird am stärksten angegriffen, er soll ein Universalverursacher von Krankheiten sein, und sogar über seine fiskalische Bestrafung wird in der Politik eine von Ahnungslosigkeit geprägte Diskussion angestrengt.

Behauptungen schaffen keine Wahrheiten. Zucker ist keine Droge wie Kokain. Der wohlschmeckende Nahrungsmittelbaustein erzeugt keine Sucht. Zucker ist nicht der alleinige Verursacher von Übergewicht und anderen so genannten Wohlstandskrankheiten.[1]

---

[1] Detlef Brendel / Sven-David Müller: „Die Zucker-Lüge. Wie das Lebensmittelkartell uns einredet, dass Essen krank macht", Ludwig Buchverlag 2016, und Uwe Knop: „WHO-Hexenjagd auf Zucker", Novo online, 18.03.2014.

Die Besserwisser der uns permanent verfolgenden Ernährungsaufklärung schaffen es, dass wir uns vor dem Essen und erst recht vor dem Genuss fürchten. Der lustfeindliche Umgang mit Ernährung ist ein Angriff auf die Psyche. Restriktion und Reduktion werden zu Leitlinien von Empfehlungen. Plakative Warnungen vor Fett und Zucker, vor Alkohol und Fleisch, vor Gluten und Glutamat, vor Histaminen und Laktose machen aus der Planung von Mahlzeiten Stress statt Vorfreude. Verzicht wird als problemorientierte und moralisch korrekte Ernährung propagiert. Und das Heer der Gesundheitsberater bombardiert die Verbraucher mit Warnungen vor drohenden Krankheiten und einem frühen Exitus. Aber wir leben noch. Und nicht nur das. Wir leben auch gut und immer länger.

Die angebliche Aufklärung tut den Verbrauchern Gewalt an. Sie hat sogar schon zu einer neuen Krankheit geführt, weil Ernährungsmediziner und Psychotherapeuten zunehmend gemeinsame Patienten haben. Die Fixierung auf das vermeintlich erstens gesunde und zweitens moralisch korrekte Essen kann einen zwanghaften Charakter annehmen. Orthorexia nervosa wird dieses Phänomen mit krankhaft anmutenden Zügen genannt. Es ist der verzweifelte Versuch, korrektes Verhalten als individuelle Lösung eines Problems zu finden, das damit erst zum eigentlichen Problem der Betroffenen wird. Es ist eine erkennbare Essstörung, die im Grunde eine Angststörung ist. Die Angst um die Gesundheit und die Konzentration auf Nahrungsmittel und Ernährung sind bei den Betroffenen allgegenwärtig. Für die darauf fixierten Menschen ist es ein zynischer Kreislauf.

Neurobiologen wissen, dass Angststörungen oft mit einem geschwächten Serotoninsystem verbunden sind. Eine ausgewogene Ernährung, die auch für ausreichend Genuss sorgt, könnte hilfreich sein. Aber exakt diese wird aus ideologischer Konsequenz abgelehnt.

Für die menschliche Gesundheit scheint es nur ein zentrales Problem zu geben: das Gewicht. Von der Norm abweichende Kilos werden für eine phantasievolle Palette von Krankheiten verantwortlich gemacht. Wer vom Body-Mass-Index (BMI) abweicht, wird zu einem Risiko für sich selbst und zu einer wirtschaftlichen Belastung für die menschliche Gemeinschaft. Es ist faszinierend, mit welcher schlichten Logik sich offenbar alle Varianten von Wohlstandskrankheiten eliminieren lassen, wenn man nur vermeidet, zu detailliert in die Komplexität medizinischer Fragen vordringen zu wollen.

Übergewicht und Adipositas werden dabei fast immer in einem Atemzug mit dem Zucker genannt. Das hat sich seit Jahrzehnten bewährt, eingeschliffen und ist aus den Köpfen nicht herauszubekommen, obwohl etliche wissenschaftliche Beobachtungen darauf hindeuten, dass der Konsum hoher Zucker- oder Kohlenhydratmengen nicht mit Übergewicht einhergeht. Studien zufolge verzehren schlanke Menschen mehr Süßigkeiten als adipöse oder normalgewichtige, während dicke Personen durchschnittlich prozentual mehr Fett essen als die schlanken.[2] Das bedeutet natürlich nicht, dass Übergewichtige ausschließlich wegen ihres Appetits auf Fetthaltiges adipös sind oder dass Schlanke dank ihrer süßen Vorlieben keine Rettungsringe ansetzen. Der Appetit auf Süßes oder Fettes ist nicht zuletzt ein Merkmal unterschiedlicher körperlicher Konstitutionen, also genetischer Prägungen und Veranlagungen. Marburger Forscher, die sich mit

---

[2] „Researchers say focusing on sugar in the fight against global obesity could be misleading", Universität Glasgow, 13.07.2016.

genetischer Disposition für das Körpergewicht beschäftigt haben, konnten durchaus einen Beleg für die traditionelle Behauptung von den Genen, die angeblich dick machen, finden. Zwei Erkenntnisse, die von den Marburger Forschern mit Unterstützung des Bundesministeriums für Bildung und Forschung erzielt worden sind, lauten: „Zu etwa 60 Prozent sind die Erbanlagen dafür verantwortlich, dass jemand Übergewicht entwickelt." „Vor allem bei Menschen, die schon im Kindesalter starke Gewichtsprobleme haben, können oft genetische Faktoren die entscheidende Rolle spielen."[5] Das kann auch erklären, warum stark Übergewichtige es wegen ihrer genetischen Veranlagung zum Teil kaum schaffen können, langfristig wesentlich dünner zu werden.

Von zunehmendem Gewicht

Menschen, die wegen ihrer genetischen Veranlagung rasch zunehmen konnten, waren in der Menschheitsgeschichte lange im Vorteil. Wer in guten Zeiten ausreichend Fettreserven bildete, überstand auch Hungerperioden. In den Industrienationen hat sich dieser Vorteil umgekehrt: Die modernen Lebens- und Ernährungsgewohnheiten begünstigen Übergewicht und gleichzeitig kommen Hungerperioden nicht mehr vor. Wozu brauchen wir heute noch Bäuche, wo wir doch Kühlschränke und Pizzataxis haben?

Aber auch das Pizzataxi führt nicht automatisch zu Übergewicht. Das Gewicht ist bei Menschen, auch wenn uns dies der BMI suggerieren will, nicht genormt. Wie bei der Körpergröße gibt es eine erhebliche Streubreite. Da sind sie

---

3 „Gene: Die wahren Dickmacher?", BMBF online 2003.

wieder, die unheimlichen Gene. Auch die Zufuhr einzelner Nährstoffe wie Fett, Eiweiß oder Kohlenhydrate ist nicht ausschlaggebend für das Risiko einer unerwünschten Gewichtszunahme, sondern die Energiebilanz insgesamt. Wer sich kaum bewegt, braucht weniger Energie und gerät bei gleichzeitig hoher Energiezufuhr schnell in eine positive Energiebilanz. Das heißt, wenn man seinem Körper über die Nahrung mehr Energie zuführt, als der Körper verbrauchen kann, nimmt man an Gewicht zu. Deshalb ist auch der Zucker sui generis kein Dickmacher. Eine Kalorie ist schließlich eine Kalorie. Mit diesem Wissen schaffen es viele Menschen, ihr Körpergewicht durch eine gute Balance zwischen der aufgenommenen Nahrung und der durch Vitalität verbrauchten Energie in einer uns heute gesund erscheinenden Balance zu halten.

Bei der Fokussierung auf das Thema Gewicht drängt sich allerdings die Frage auf, wer hier die Grenzen definiert und eine Ordnung aufstellt, nach der die schlanken Menschen vorbildlich sind und die übergewichtigen und adipösen diskriminiert werden. Diese Klassifizierung individueller Menschen nach einer mathematischen Formel ist relativ neu. Auch vor 50 Jahren gab es laut Statistik schon viele Menschen, die keineswegs der heutigen Norm entsprachen. Vor 50 Jahren gab es allerdings noch keine täglich strapazierte Übergewichtsdiskussion. Das missfiel Branchen, die Krankheitsbilder brauchten, um Märkte zu gestalten. Die Norm wird zu einem Raster für potenzielle Krankheiten. Wenn die Pillen da sind, werden Patienten gebraucht. Für die kreative Erfindung von Krankheiten gibt es sogar einen Fachbegriff: Disease Mongering. Zur Systematik des Disease Mongering gehört es, Grenzwerte zu senken, um die Zahl zu behandelnder Personen zu erhöhen sowie Symptomen künstliche Relevanz zu verleihen. Ein leicht erhöhter Blutzuckerspiegel wird dann als Prädiabetes bezeichnet. Was mit etwas mehr Bewegung auszugleichen wäre, kann so ohne Rücksicht auf das Wohl des eigentlich gesunden Menschen mit Pillen behandelt werden.

Die WHO-Diät

Eine bei Ernährungsfragen immer wieder gern zitierte Institution ist die Weltgesundheitsorganisation (WHO). Man sollte meinen, die Arbeit der WHO würde sich auf den weltweit immer noch existierenden Hunger als größtes Gesundheitsrisiko konzentrieren. Jährlich sterben rund drei Millionen Kleinkinder an Unterernährung. 20 Millionen untergewichtige Kinder werden jedes Jahr geboren, weil ihre Mütter mangelernährt sind. Eine weltweite Organisation für die Gesundheit hätte hier reichliche Aufgaben. Die WHO hat allerdings inzwischen das Hungerödem der Speckfalte nachgeordnet.

Erstmals wurde Übergewicht von der WHO im Jahr 1938 durch das Regionalbüro für Europa thematisiert. Zum Vorsitzenden der Expertenanhörung über den möglichen Zusammenhang von Ernährung und chronischen Krankheiten wurde Prof. Philip James ernannt. Als Ergebnis wurde 1990 der WHO-Report 797 publiziert und die Empfehlung abgegeben, den Zuckerverzehr auf maximal zehn Prozent der zugeführten Kalorien zu begrenzen. Damit hatte sich Philip James gegen viele Widerstände durchgesetzt. Zahlreiche Experten waren der Meinung, dass die Beschäftigung mit der weltweiten Unterernährung erheblich wichtiger sei als die Konzentration auf das Thema Übergewicht.

Aber James hatte andere strategische Überlegungen. Er hatte 1986 die International Association for Studies and Obesity (IASO) gegründet, die ihm als Sprungbrett in eine wirtschaftlich erfolgreiche Wissenschaft diente. In den Jahren 1995 und 1996 baute er dann die International Obesity Task Force (IOTF) auf, die eifrig Daten sammelte, um sogar in Entwicklungsländern Übergewicht als aufkeimendes Risiko zu identifizieren. Damit schuf er das perfekte Koordinatensystem, um die gesamte Thematik zu dominieren. Die IASO fungiert im Verhältnis zur WHO als so genannte NGO, also nicht-staatliche Organisation mit klar definierten Interessen. Die IOTF arbeitete als Dachorganisation von zunächst 43 nationalen Organisationen direkt und eng mit der WHO zusammen, um deren Diskussionen und Entscheidungen zu lenken. Millionenschwere staatliche Aufträge für Studien wurden an die Institutionen vergeben, um Ideen von Nährwertprofilen über Regulierungsmaßnahmen bis hin zu Strafsteuern zu kreieren.

Im Jahr 2002 wurde der WHO-Report 916 publiziert, der Restriktion beim Zuckerverzehr forderte. Mehr als hundert Länder lehnten ihn ab, weil die geforderte Zuckereinschränkung keine wissenschaftliche Grundlage hatte. Die Strategie von James wurde eisern verfolgt: Am 16. November 2006 erschien die Europäische Charta zur Bekämpfung der Adipositas. In diesem Papier wird grundsätzlich von einer Adipositas-Epidemie gesprochen. So lässt sich schon durch die Nomenklatur der Eindruck erwecken, ein paar Pfund oberhalb der BMI-Messlatte wären eine geradezu seuchenartige Erkrankung mit verheerenden Folgen. Es wurden Rechtsvorschriften gefordert, die das Ausmaß und die Auswirkungen der Werbung für energiereiche Lebensmittel verringern. Es wurden Beschränkungen für Kinderwerbung gefordert.

Die Anteile von Fett, freiem Zucker und Salz in verarbeiteten Lebensmittel sollten verringert werden. Gesetzliche und sonstige Regulierungsmaßnahmen einschließlich fiskalischer Bestrafungen sollten Bestandteile eines Überwachungssystems werden. Die IOTF und Philip James haben einen fetten Erfolg erzielt. Auch eine völlig unsinnige Ampelkennzeichnung von Nahrungsmitteln – von der Philip James behauptet, er habe sie bereits 1986 erstmals entwickelt – kam auf die Agenda der politischen Diskussion.

2005 veröffentlichte The Mail on Sunday, dass Prof. Philip James, auch Anti-Übergewichts-Berater der englischen Regierung, enge Verbindungen zu den Herstellern von Abnehmpräparaten hat und von diesen mit Millionen finanziert wurde.[4] Das renommierte Londoner „British Medical Journal" (BMJ) veröffentlichte im Juni 2006 interessante Hintergründe zu den Organisationen von Philip James.[5] Es wurde detailliert belegt, dass die in der Öffentlichkeit als unabhängige Institution und Beraterin der WHO auftretende IOTF maßgeblich mit Geldern der Pharmaindustrie gegründet wurde. Die beteiligten Pharmakonzerne wollten Mitte der 1990er-Jahre eine Institution schaffen, die Übergewicht als ernsthaftes medizinisches Problem definiert und Vorsorge und Strategien zur Behandlung promotet. Die Aufbereitung eines Marktes für Schlankheitspillen war den Konzernen Millionen wert. Sie finanzierten rund 75 Prozent der Task Force, die den Menschen einzureden hatte, sie seien dick und damit gesundheitlich gefährdet.

4 Christopher Leake: „Labour obesity guru's links to drug giants" in: The Mail on Sunday, 06.03.20015, S. 5.
5 Ray Moynihan: „Obesity task force linked to WHO takes ‚millions' from drug firms" in: BMJ, 332/2006, S. 1412.

Eigentlich muss es doch nachdenklich stimmen, dass alle wesentlichen Leiden der Wohlstandsgesellschaft am Gewicht hängen sollen. Als es noch keinen willkürlich festgelegten BMI gab, waren die Menschen auch nicht zwingend schlanker. Nachdenklich macht auch: Die zunehmend bewegungsarme Lebensweise wird als nicht relevant erachtet. Heutige Belastungen durch Stress und andere Umweltfaktoren werden in den Debatten als nebensächlich abgetan. Die Genetik, die zunehmend als prägend für viele Erkrankungen und auch für das individuelle Gewicht erkannt wird, findet keine große Aufmerksamkeit. Es sind stattdessen immer die Ernährung, speziell der Zucker und das Gewicht. Die Pillendreher hatten mit ihrer Strategie Erfolg auf der ganzen Linie.

Pille gegen
Zucker

Ein verbreiteter Ansatz in der Medizin lautet: Es gibt es keine Gesunden, sondern nur schlecht diagnostizierte Kranke. Daraus lässt sich konsequent ableiten, dass neue Krankheitsbilder definiert werden müssen, um diese dann mit entsprechenden Mitteln zu behandeln. Ein gutes Beispiel dafür liefert die angeblich süchtig machende Wirkung von Zucker. An der Queensland University in Australien ist man im Frühjahr 2016 zu der erschütternden Erkenntnis gekommen, dass der gute Geschmack von Zucker glücklich macht und deshalb der konsequenten Behandlung bedarf. Neu ist die Erkenntnis nicht. Das mesolimbische System ist ganz wesentlich an der Emotion Freude beteiligt. Dazu gehört die Ausschüttung des Neurotransmitters Dopamin. Bei Genuss wird Dopamin ausgeschüttet. Allerdings passiert dies nicht nur beim Genuss von Zucker, sondern auch bei Sonnenlicht Streicheleinheiten, nach einem guten Glas Wein, nach leckerer Pasta und bei gelebter Sexualität. Positiv empfundene Erlebnisse, die oft mit Genuss verbunden sind, bewirken vielfältige Effekte im zentralen Nervensystem. Sind das alles Suchtpotenziale, die aus uns Patienten machen, die der dringenden Intervention bedürfen? Es kann ja noch kommen. Wir sind auf einem guten Weg, den Menschen grundsätzlich ihre Genuss-„Sucht" auszutreiben und sie in ein Leben mit verordneter Askese zu regulieren.

Von Selena Bartlett von der Queensland University, die Zucker mit Kokain oder Morphium vergleicht, erhalten die Menschen eine beruhigende Botschaft. Sie will herausgefunden haben, dass sich das Verlangen nach Zucker mit den gleichen Medikamenten behandeln lässt, die für Nikotinsucht eingesetzt werden.[6] Sorgfältige Recherche offenbart dann, dass Selena Bartlett in den Jahren 2007 und 2008, damals noch an der Universität Kalifornien tätig, sich große Meriten bei der Profilierung eines Präparats zur Rauchentwöhnung verdient hat.[7] Wenn die Raucher weniger werden oder sich alternativ den Verdampfern zuwenden, wird für ein solches Präparat ein Ersatzmarkt gebraucht. Selena Bartlett hilft gern.

Die von ihr propagierten Pillen (Champix/Chantix) haben allerdings einen bitteren Beigeschmack. Sie führen zu einer Blockade des Belohnungs- und Lustzentrums im Gehirn und machen es für das im Körper ausgeschüttete Dopamin

---

6 Queensland University of Technology: „Treating sugar addiction like drug abuse", ScienceDaily, 07.04.2016.
7 Delsia Hartford: „Future Testing Set for Chantix the Smoking Cessation Drug for Other Purposes", LawyersandSettlements.com, 22.02.2008, und Sean Alfano: „A Bartender's Worst Nightmare, CBS News, 10.07.2007.

unempfindlich. Deshalb müssen alle Packungen der segensreichen Entwöhnungspillen den Warnhinweis tragen, dass die Gefahr besteht, an Depressionen zu erkranken, suizidale Neigungen zu entwickeln sowie gewalttätiges Verhalten zu zeigen. Der Wunsch, von der Brücke zu springen, wird bei einem blockierten Belohnung- und Lustzentrum im Gehirn verständlich. Das menschliche Wohlfühlen und die Glücksgefühle werden ausgeschaltet. Da hätte man doch besser eine Tafel Schokolade gegessen. Das Leben wäre lebenswerter und auch länger.

CHRISTOPH LÖVENICH

Rausch der Bevormundung

Der Alkoholgenuss und seine Feinde – diese Geschichte ist auch in Deutschland noch lange nicht zu Ende geschrieben

Rund hundert Jahre ist es her, dass die USA „mit der größten Unmoral aufzuräumen"[1] gedachten, nämlich dem Genuss alkoholischer Getränke. Im Alten Europa hatte man bereits an der Türschwelle der Moderne, nämlich 1495, Ähnliches probiert. Maximilian I., Oberhaupt des römisch-deutschen Reiches, verkündete ein totales Trinkverbot für seine Untertanen. Verschiedene Reichstage erneuerten die Prohibition – doch, ach, sie wollte sich einfach nicht durchsetzen.[2]

Daher versucht man es heute nicht mehr so grundsätzlich. Statt mit der Tür ins Haus zu fallen, will man über Ermahnungen „Bewusstsein schaffen" und setzt hier und da eine kleine Regulierung um. Alkoholverbote auf öffentlichen Plätzen und in Nahverkehrsmitteln, Verbote von Flatrate-Tarifen in Gaststätten, paternalistische Präventionskampagnen, Debatten über Null-Promille-Grenzen für Autofahrer oder Forderungen nach Maßnahmen gegen „Koma-Saufen". Warum nicht auf Flächen der Stadt München neben „sexistischer" Reklame auch noch gleich Werbung für Alkohol oder – Weißbier ist Grundnahrungsmittel – zumindest für Schnaps

---

[1] Adolf Hitler: „Mein Kampf", 851.–855. Aufl., Eher-Verlag 1943, S. 451.
[2] Regina / Manfred Hübner: „Trink, Brüderlein, trink. Illustrierte Kultur- und Sozialgeschichte deutscher Trinkgewohnheiten", Edition Leipzig 2004, S. 17 ff.

verbieten, wie im dortigen Stadtrat während des Oktober-
fests debattiert?[3]

Ostern 2017 wurde sogar bei einem deutschen Fußballspiel (dem Derby Hannover 96 gegen Eintracht Braun-
schweig) im Stadion nur alkoholfreies Bier ausgeschenkt –
aus Sicherheitsgründen, wie es hieß.[4] „Alkohol ist bei
öffentlichen Großveranstaltungen wie Fußballspielen eine
Seuche", urteilte bereits im Vorjahr der damalige Bundesin-
nenminister Thomas de Maizière (CDU).[5] Damit steht er in
der langen Tradition derjenigen, die Fehlverhalten auf das
Wirken einer Substanz zurückführen, statt die Verantwortung des Einzelnen ernst zu nehmen. Gewalt, Kriminalität,
Familienelend oder auch Verkehrsunfälle werden pauschal
auf den Alkohol geschoben.

Doch der behauptete kausale Zusammenhang von Suff
und Verbrechen lässt sich nach wie vor nicht belegen. In den
USA der vorletzten Jahrhundertwende engagierten sich
christliche Frauenverbände für die Alkoholprohibition, weil
sie sich nicht trauten, die häusliche Gewalt durch prügelnde
Männer zu thematisieren. Und aus Schlägern wurden Opfer
des Trunks, bemitleidenswerte hilflose Kreaturen statt
selbstbestimmter Individuen, die man auf ihr Handeln an-
sprechen und dafür zur Verantwortung ziehen kann. Heute
sind es besinnungslose Jugendliche und Suchtklinikinsassen,
für die man den Sündenböcken Bier, Schnaps und Wein die
Schuld gibt. Umgekehrt werden die positiven Wirkungen
des Konsums, z.B. Entspannung oder Geselligkeit, unter den
Tisch gekehrt und sollen in der Wahrnehmung möglichst

[3] „Stadt München verbietet sexistische Werbung", Abendzeitung, 05.10.2018.
[4] „Das sollten Fans vor dem Niedersachsen-Derby beachten", Sportbuzzer, 13.04.2017.
[5] Michael Bröcker et al.: „Alkohol-Verbot bei Fußballspielen'", Rheinische Post online,
16.06.2016.

überschattet werden vom Randphänomen des Alkoholismus, um dadurch der Alkoholbekämpfung Auftrieb zu verleihen

Dem amerikanischen Abhängigkeitsexperten Stanton Peele zufolge führen aber gerade in „alkoholfreundlicheren" Ländern, etwa im südlichen Europa, die kulturellen Akzeptanzmuster von Kindheit an zu einem kompetenteren und weniger gesundheitsgefährdenden Umgang mit alkoholischen Getränken. Preiserhöhungen führen denn auch nicht zu weniger Alkoholismus, vielmehr hatten Preissenkungen in skandinavischen Ländern weniger Probleme zur Folge. Die Dämonisierung des Alkohols, so sein Fazit, schadet mehr als sie (vermeintlichen) Nutzen bringt.[6]

Was die oben angesprochenen Fußballspiele betrifft, so hat die Uefa dieses Jahr das Trinken bei Champions-League- und Europa-League-Spielen auf deutschem Boden wieder gestattet.[7] Manches lässt sich eben nicht so einfach dekretieren. In Baden-Württemberg wurde sogar eine landesweite Einschränkung wieder abgeschafft: Der Verkauf alkoholischer Getränke im Handel nach 22 Uhr, z.B. an Tankstellen, der ab 2010 verboten war, wurde Ende 2017 wieder erlaubt.[8] Als dies untersagt war, sei einer Studie zufolge dadurch die Zahl der Alkoholvergiftungen bei jungen Leuten um sieben Prozent zurückgegangen – allerdings waren bundesweit, also nicht nur im Ländle, 2013 die einschlägigen Krankenhausbehandlungen von Kindern und Jugendlichen sogar um 13 Prozent gesunken.[9] Davon abgesehen: Bei dem

6 Christoph Lövenich: „Wissenschaftler regulierungstrunken", Novo online, 29.10.2012.
7 Sebastian Weßling: „Freude bei BVB- und Schalke-Fans: Uefa kippt Alkoholverbot im Europapokal", Der Westen, 26.06.2018.
8 „Alkoholverkaufsverbot ist aufgehoben – Bier die ganze Nacht", baden.fm online, 08.12.2017. Im Gegenzug können Kommunen aber Alkoholverbotszonen ausweisen.
9 Christoph Lövenich: „Alkohol: Ein Prosit auf den Trunk", Novo online, 25.03.2015.

überwiegenden Teil dieser Krankenhauseinlieferungen handelte es sich um Vollräusche, die der Nachwuchs früher noch einfach zu Hause ausgeschlafen hat.

Obergrenzen

Weit unterhalb der Rauschschwelle liegen die als gesundheitlich unbedenklich empfohlenen Mengen reinen Alkohols. Solche Leitlinien existieren in vielen Ländern.[10] Für Deutschland setzt die Bundeszentrale für gesundheitliche Aufklärung (BzgA) das Limit bei täglich 20 Gramm für Männer fest, Frauen sollen sich mit zwölf Gramm begnügen. Selbst die puritanisch geprägten USA gewähren mit 28 Gramm eine größere Menge. In Spanien kommt es auf den Standort an: Für Kastilien mit der Hauptstadt Madrid gilt ein Wert von 30 Gramm, während für Katalanen (aus der Gegend um Barcelona) selbst 70 Gramm unproblematisch sind.[11]

Der Volksgesundheits-Apparat in staatlichen Behörden und akademischen Elfenbeintürmen operiert ansonsten mit „Einheiten" Alkohol, die ebenfalls umständliche Kalkulation erfordern. Dabei wird zeigefingerschwingend mitgeteilt, wie viel noch gerade so gestattet ist, und mit ein paar Gläsern an einem Abend ist man schnell ein „Binge-Drinker" (früher: jemand, der auch mal ein Gläschen trinkt), der nicht „risikoarm" konsumiert. Trinkfreude soll durch Einheitenzählen ersetzt werden wie Essgenuss durch Kalorienzählen. 2018 propagierte eine britische Studie ein Maximum von

---

[10] Christoph Lövenich: „Empfehlungen zum angemessenen Alkoholgenuss", Novo online, 28.05.2014.
[11] Lajos Schöne: „Die Alkoholempfehlungen in Europa sind grotesk", Welt online, 10.02.2014.

100 Gramm pro Woche für unbedenklichen Trunk und fand dabei im Deutschen Krebsforschungszentrum (DKFZ) und zahlreichen Massenmedien – wie so oft bei derartigen Themen – unkritische Claqueure. Die gewonnenen Daten geben das aber nicht her, von den Beschränkungen solcher Studien ganz abgesehen.[12] Interessanterweise geht nach dem Stand der Forschung aber die Totalabstinenz gegenüber maßvollem Konsum mit einem höheren Sterblichkeitsrisiko einher.[13] Sollten dann nicht konsequenterweise gesundheitlich erforderliche Alkohol-Mindestmengen festgelegt werden? Oder man sieht ein, dass mündige Menschen für die einfachen Dinge des Lebens keiner amtlichen Anleitung bedürfen.

Hinter dem Feldzug gegen das Trinken stehen oftmals Organisationen mit einschlägiger Kontinuität: Etwa der Guttempler-Orden, eine Abstinenzlersekte, die bereits ab dem 19. Jahrhundert in den USA tätig war und im Hier und Jetzt Einfluss auf die politischen Vorstellungen z.B. der staatlich geförderten Deutschen Hauptstelle für Suchtfragen (DHS) ausübt. Die DHS war vor mehreren Umetikettierungen ursprünglich als „Reichsstelle gegen die Alkohol- und Tabakgefahren" unter dem NS-Reichsgesundheitsführer Ende der 1930er-Jahre gegründet worden.

Restriktive alkoholpolitische Vorhaben aus dieser Ecke fanden vor ein paar Jahren Unterstützung beim Drogen- und Suchtrat der Bundesregierung. International vernetzt die Weltgesundheitsorganisation (WHO) diverse einschlägige Organisationen, wie die Guttempler, Eurocare (mit Beteiligung der DHS und Subventionen der EU), Verbände

---

12 Thilo Spahl: „Zwei Bier am Tag sind nicht zu viel!", Novo online, 04.05.2018.
13 John Cloud: „Why Do Heavy Drinkers Outlive Nondrinkers?", Time online, 31.08.2010.

gesundheitswirtschaftlicher Akteure und weitere Lobbyorganisationen. Dabei wird die Taktik fürs globale Vorgehen und in den einzelnen WHO-Mitgliedsstaaten beraten. Es werden Resolutionen gefasst, die politischen Druck auf die Nationalstaaten ausüben sollen.

Das totale Werbe- und Sponsoring-Verbot für alkoholische Getränke, ein Verbot des Automatenverkaufs, Warnhinweise auf Getränkebehältnissen und deutlich höhere – nach Alkoholgehalt ansteigende – „Spritpreise" stehen in diesem Zusammenhang auf der Wunschliste. All dies erinnert an die Bekämpfung des Tabaks, dessen Erfolge Vorbildcharakter für die Trockenheitsapostel haben. Wie beim Tabak wird eine „Denormalisierungs"-Strategie gefahren, die zumindest bestimmte Konsumformen, letztlich aber auch den Genuss alkoholischer Getränke insgesamt, zum abweichenden, minderwertigen Verhalten deklassieren will.

Dabei geht der Alkoholkonsum seit Jahrzehnten zurück, auch bei Jugendlichen. Die Zahl der Verkehrstoten im mutmaßlichen Zusammenhang mit Alkoholkonsum sinkt ebenso seit Jahren. Nicht eine tatsächliche Problemlage, sondern der Hang zur immer kleinteiligeren Einmischung in das individuelle Privatleben leitet die Politik. Ohne Rücksicht auf nüchterne Fakten regiert man sich in einen Rausch der Bevormundung hinein.

UWE KNOP

Glaskugel Ernährungsforschung

**Welche Auswirkungen das Essen hat,
ist Gegenstand unzähliger Studien.
Doch seriöse Empfehlungen für eine
gesunde Ernährung lassen sich
daraus nicht ableiten**

Der desolate Zustand ökotrophologischer Forschung ist in der Fachwelt schon lange bekannt. So erklärte der Direktor des deutschen Cochrane-Zentrums, das die Qualität wissenschaftlicher Studien bewertet, Prof. Gerd Antes, bereits 2011: „Die Ernährungswissenschaften sind in einer bemitleidenswerten Lage. Studien in diesem Bereich sind von vielen unbekannten oder kaum messbaren Einflüssen abhängig. Deswegen gibt es immer wieder völlig widersprüchliche Ergebnisse."[1] Nur ein Jahr später ergänzte sein „Studienbewertungskollege" vom staatlichen IQWiG (Institut für Qualität und Wirtschaftlichkeit im Gesundheitswesen), Dr. Klaus Koch, zur Kernschwäche von Ernährungsbeobachtungsstudien: „Epidemiologische Studien können normalerweise keine Beweise liefern. Punkt."[2] Daher ist für Prof. Gabriele Meyer, ehemalige Vorsitzende des DNEbM e.V. (Deutsches Netzwerk Evidenzbasierte Medizin) und aktuell Mitglied im Sachverständigenrat von Bundesgesundheitsminister Jens Spahn, klar: „Beobachtungsstudien sind

---

[1] Werner Bartens: „Falsche Früchtchen" in: SZ, 14.04.2011.
[2] Klaus Koch: „Wer zu viel glaubt, bleibt dumm", Spiegel Online, 23.07.2012.

nicht geeignet, präventive oder therapeutische Empfehlungen abzuleiten."[3]

Meyers Nachfolgerin als Vorsitzende des DNEbM e.V. (2015–2017), Prof. Ingrid Mühlhauser, Gesundheitswissenschaftlerin an der Uni Hamburg, erklärte Mitte 2016: „Beobachtungen, auch groß angelegte, sind keine ausreichende Grundlage für eine moderne Medizin."[4] Einer der Gründe: Beobachtungsstudien liefern ausschließlich Korrelationen (statistische Zusammenhänge), jedoch niemals Kausalitäten (Ursache-Wirkung-Beziehungen/Beweise). „Zusammenhänge zu beobachten, heißt noch nicht, Ursachen zu erkennen", so Mühlhäuser. Im Forschungsfeld Ernährung sieht es 2017 so aus: „Im Moment ist eine ganz große Korrelationsära in diesem Feld – und die Tatsache, dass es korrelativ ist, bedeutet, dass man eigentlich sehr wenig sagen kann", so Prof. Dirk Haller, Leiter des Lehrstuhls für Ernährung und Immunologie am Wissenschaftszentrum Weihenstephan (WZW) und Direktor des ZIEL – Institute for Food & Health, ein interdisziplinäres Zentralinstitut an der Technischen Universität München.[5]

Nichts Genaues weiß
man nicht

Auch in zahlreichen wissenschaftlichen Publikationen wurde jüngst immer wieder auf die systemimmanente Kernschwäche der Ernährungsforschung hingewiesen: Viele ihrer Ergebnisse seien „völlig unglaubwürdig" – und auch

3   Uwe Knop: „Wo bleiben die Daten?", Novo online, 03.04.2013.
4   Jakob Vicari: „,Das Vertrauen in die Medizin sollte erschüttert werden'" (Interview mit Ingrid Mühlbauer), brand eins online, 2016.
5   „Das Abnehm-Paradox", Spektrum.de, 20.10.2017.

eine „weitere Million Beobachtungsstudien" würde keine endgültigen Lösungen liefern.[6] Aufgrund zahlreicher Schwächen dieser Untersuchungen werden Politiker zu „größerer Vorsicht bei Ernährungsempfehlungen" angemahnt, da diese primär auf Beobachtungsstudien basieren, die nicht durch klinische Studien bestätigt wurden.[7] Prof. Peter Nawroth, Direktor Innere Medizin, Universitätsklinikum Heidelberg, konstatiert klar, dass bei keinem Patienten mit Diabetes, Krebs oder Herz-Kreislauf-Erkrankungen ein Arzt diagnostizieren könne: „Sie haben zu wenig Obst und Gemüse gegessen" oder „Sie haben zu viel Fleisch gegessen und zu viel Fruchtsaft getrunken". Das sei nicht möglich. „Ein kausaler Rückschluss der Erkrankungsgeschichte auf ein spezielles Essverhalten ist nur in extremen Einzelfällen möglich, in der Regel lässt sich dazu nichts sagen", erklärt Nawroth. Auch eine „Vorbeugung von Volkskrankheiten mittels spezieller Ernährungsempfehlungen" durch Ärzte sei medizin-ethisch nicht vertretbar, denn dafür fehlten die wissenschaftlichen Belege. Für Nawroth sind Ernährungsregeln „unwissenschaftlich und durch nichts belegt". Die Bedeutung von gesunder Ernährung für ein längeres, gesünderes Leben wird aus seiner Sicht völlig überschätzt, die Empfehlungen in Sachen Vollkorn, Fett oder Vitamine hält er für „totalen Blödsinn".[8]

Dementsprechend war es nur eine Frage der Zeit, bis im Februar 2016 Prof. Peter Stehle, Präsidiumsmitglied der DGE e.V. (Deutsche Gesellschaft für Ernährung) öffentlich

---

6   John Ioannidis: „Implausible results in human nutrition research", British Medical Journal online, 14.11.2013.
7   Kevin C. Maki et al.: „Limitations of Observational Evidence: Implications for Evidence-Based Dietary Recommendations" in: Advances in Nutrition 5, 1/2014, S. 7–15.
8   „SWR Doku [sic] über die Furcht vor der Fehlernährung", SWR online, 28.09.2018.

offenbarte, dass die Ernährungsforscher ein Problem haben: „Wir können nicht genügend wissenschaftliche Evidenz liefern." Denn das sei „tatsächlich schwierig, das Liefern von Belegen." Die beobachteten Ergebnisse der Ernährungsforschung seien daher „argumentativ natürlich sehr, sehr schwach. Aber das war immer so und wird so bleiben." Denn zu diesen Studien, die harte Evidenz, also Beweise für beispielsweise gesunde Ernährung liefern, erklärt Stehle: „Solche Interventionsstudien wird es nie geben." Auch auf die Frage, wie hoch der Einfluss der Ernährung auf die Gesundheit (Verfassung) ist, spricht Stehle Klartext: „Das lässt sich nicht quantifizieren. Niemand weiß das."[9]

Sein Kollege Prof. Manfred J. Müller, ehemaliger Leiter des Instituts für Humanernährung an der Universität zu Kiel, erläutert en détail: „Kein Wissenschaftler kann Ernährung genau messen. Das wiederum bedeutet: Alle in den letzten 20 bis 30 Jahren publizierten Beobachtungsstudien zu den Zusammenhängen zwischen Ernährung und Gesundheit/ Krankheit waren und sind fragwürdig. Es könnte also sein, es könnte aber auch nicht sein. Wenn diese Ergebnisse dann in die Öffentlichkeit gelangen, dann ist das sehr schade, denn: Diese Ergebnisse besagen ja nichts." Einer der vehementesten Kritiker der „Glaskugel" Ernährungsforschung ist Prof. John P. Ioannidis (Stanford University), der im August 2018 Klartext redete: Ernährungsstudien seien voll von methodischen Mängeln und daher nicht aussagekräftig. Ergo empfiehlt er den Autoren von Ernährungsstudien: Nochmals von vorn anfangen![10]

---

[9] Moritz Rosenkranz: „Der Verbraucher versteht das Wort Risiko nicht" in: General-Anzeiger, 31.01.2016.
[10] Nicola von Lutterotti: „Ins Essen verbissen – was eine gesunde Ernährung ist, darüber lässt sich genüsslich streiten", NZZ online, 13.08.2018.

Ach wie gut, dass jemand weiß, warum das niemand weiß – so erklärte der wissenschaftliche Vorstand des DIfE (Deutsches Institut für Ernährungsforschung), Prof. Tilman Grune, im August 2016: „Gesunde Ernährung kann man gar nicht so genau definieren."[11] Sein Kollege Prof. Achim Bub vom Max-Rubner-Institut (MRI), dem Bundesforschungsinstitut für Ernährung und Lebensmittel in Karlsruhe, stellte nur einen Monat später klar: „Wir wissen herzlich wenig über Ernährung."[12] Dr. Walter Burghardt, Ernährungsmediziner am Universitätsklinikum Würzburg und Vorstandsmitglied im Bundesverband deutscher Ernährungsmediziner, konkretisierte kurz danach: „Wissen wir denn tatsächlich so genau, was wir brauchen? So weit ist die Medizin noch nicht."[13]

Verzicht
auf Ratschläge

Dieses Kernproblem des „fehlenden Wissens" ist grenzübergreifend bekannt und benannt: „Einerseits wird ständig propagiert, wie wichtig eine gesunde Ernährung ist. Auf der anderen Seite hat die Ernährungswissenschaft bis heute keine schlüssigen Studien für die optimale Ernährung vorgelegt", mahnte Prof. Jürgen König, Leiter Ernährungswissenschaften an der Universität Wien im Oktober 2016.[14] Sein

---

11 Rüdiger Braun: „Ernährung der Zukunft muss weg vom Fleisch", Märkische Allgemeine online, 06.08.2016.
12 „„Nahrungsergänzung? Braucht kein Mensch'", Lübecker Nachrichten online, 15.09.2016.
13 Alice Natter: „Gesunde Ernährung: ‚Auch mal ein Gummibärchen'" (Interview mit Walter Burghardt), Main-Post online, 12.07.2017.
14 „Berit Uhlmann: „Wenn gesunde Ernährung zwanghaft wird", SZ online, 11.10.2016.

österreichischer Kollege Prof. Gerald Gartlehner, Leiter des Departments für Evidenzbasierte Medizin (EbM) der Donau-Uni Krems, erklärt die zwei wesentlichen Gründe für diesen Mangel an schlüssigen Studien: „Gute Ernährungsstudien sind sehr schwierig durchzuführen, da viele unterschiedliche Faktoren einen Einfluss haben und das Ergebnis verzerren können. Wir wissen etwa, dass Menschen, die sich ausgewogen ernähren, auch eher Sport treiben und mehr auf ihre Gesundheit achten. Zudem fehlt es in diesem Bereich an finanzieller Power."[15] Und so fragte die F.A.Z. zu Recht: Was ist denn nun wirklich ein gesundes Essen für den Normalbürger? „Tatsächlich weiß das auch heute niemand", erklärte der Ernährungsmediziner Prof. Hans Konrad Biesalski von der Universität Hohenheim im September 2017.[16]

Dementsprechend dünn ist auch das Fazit zu gesunder Ernährung von Experten der Hochschule Fulda: So erklärt Prof. Christoph Klotter: „Meiner Meinung nach kann heutzutage ohnehin keine allgemeine Ernährungsempfehlung mehr ausgesprochen werden. Jeder Organismus verstoffwechselt Nahrung unterschiedlich." Und weiter: „Es ist schwierig, genau zu sagen, was gesunde Ernährung ausmacht und was nicht. Viele vermeintliche Erkenntnisse sind ins Schwanken geraten [...] Daher können wir nicht sagen, was alle Menschen unbedingt zu sich nehmen sollen." Für Haller ist es daher das „Gebot der Stunde", überhaupt keine spezifischen Ratschläge in Sachen gesunder Ernährung zu geben.[17] Statt Regeln empfiehlt Klotter: „Wenn jeder für sich

15 Günther Brandstetter: „Ernährung: Boom, Mythen und Gerüchteküche", der Standart. at, 10.11.2016.
16 Richard Friebe: „Eine einzige fette Lüge", F.A.Z. online, 23.09.2017, und Aline Kostka: „Brotzeit schlägt Steinzeit", DocCheck News, 22.11.2016.
17 Spektrum.de, siehe Anm. 5.

herausfindet, was gut für ihn ist, finde ich das fantastisch."[18] Seine Fuldaer Hochschulkollegin Prof. Jana Rückert-John ergänzt: „Was am Ende dann bleibt, ist, sich ausgewogen zu ernähren." Dabei solle man von allem essen und die „Lust und den Spaß am Essen im Zuge des ganzen Gesundheitswahns nicht verlieren."[19]

Wie einfach das geht, erläuterte Dr. Margareta Büning-Fesel, Vorstand des einstigen Aid-Infodiensts und Leiterin des von Bundesminister Christian Schmidt 2017 eröffneten Bundeszentrums für Ernährung, im Mai 2016: „Ich bin überzeugt davon, dass jeder Mensch in der Lage ist, die für ihn beste Ernährung für sich zu entdecken. In erster Linie sollte man dabei seinem Geschmack folgen. Und dem Gespür für den eigenen Körper."[20] Im März 2017 ergänzte Büning-Fesel die eigentliche Gretchenfrage und „die sollte sein: Was ist gut für mich – und was nicht?"[21] Hingegen sollten „gesundheitsbezogene Aussagen über Ernährung stets mit einer gesunden Portion Skepsis betrachtet werden", so Dr. Rainer Spenger, Geschäftsführer des österreichischen Vereins für Konsumenteninformation (VKI)[22]. Prof. König bringt es Ende Mai 2017 auf den Punkt: „Wer ein bisschen über seine Ernährung nachdenkt, braucht keine Ernährungspyramide, sondern nur den gesunden Hausverstand."[23] Seine Schweizer

[18] Frank Joung: „Keine Religion aus dem Essen machen" (Interview mit Christoph Klotter), Spiegel Online, 30.07.2017.

[19] Thomas Badtke: „Günstiges Essen ist Wohlstandsindikator'" (Interview mit Jana Rückert-John), ntv online, 25.06.2016.

[20] „Gesunde Ernährung", GEO Wissen, 1/2016, S.111.

[21] Petra Kistler: „Ernährungsirrtümer: Gibt es gutes und böses Essen?", Badische Zeitung online, 27.03.2017.

[22] Brandstetter, siehe Anm. 15.

[23] Günther Brandstetter: „Essen: Was uns aufbaut, was uns schadet", der Standart.at, 28.05.2017.

Kollegin Prof. Christine Brombach (ZHAW Zürcher Hochschule für angewandte Wissenschaften) liefert dazu die passende praktische Empfehlung: „Essen Sie, was Sie wollen, aber in vernünftigen Mengen."[24]

Das (vor-)letzte Wort gebührt SPD-„Gesundheitsminister in spe" Prof. Dr. Karl W. Lauterbach, der im März 2017 auf die Frage eines WDR5-Reporters, ob man sagen könne: „Die einzig sinnvolle Ernährung, die gibt es nicht." antwortete: „Das kann man auf jeden Fall sagen. Das ist klar."[25] Dem stimmt Prof. Klotter unmissverständlich zu: „Es gibt nicht die eine richtige Ernährung für alle."[26]

In diesem Sinne folgt nun abschließend ein ökotrophologisch adaptiertes Zitat des Philosophen Paul Watzlawick: „Es gibt so viele gesunde Ernährungen, wie es Menschen gibt, denn: Jeder Mensch is(s)t anders." Vertrauen Sie beim Essen daher intuitiv auf Ihre ganz individuellen Gefühle Hunger, Lust, Sättigung und vor allem Verträglichkeit. Denn: Wie kann etwas gesund für Sie sein, das Ihnen nicht schmeckt und das sie schlecht vertragen?

---

[24] „Wir leben in einer Mampf- und Fress-Gesellschaft", bluewin.ch, 12.07.2017.
[25] WDR-5-Funkhausgespräche: „Wenn Ernährung zur Sünde wird", 2017.
[26] „Ernährung wird ideologisch überfrachtet" in: Apotheken Umschau 8/2018.

„Denn sie bereiteten selbst durch Missetat ihr Verderben"

Die Tabakbekämpfung (Tobacco Control) feiert Erfolge wie einst die Alkoholprohibitionisten und die Eugenik-Bewegung. Das wird nicht von langer Dauer sein

Hoffmann von Fallersleben konstatierte: „Der Tabak hat eine weltgeschichtliche Bedeutung. Jeder muss ihm das zuerkennen, ganz einerlei, ob er ihn für gesund oder schädlich hält, ihn liebt oder verabscheut." In der Tat – ein für die Geschichts- und Sozialwissenschaften höchst aufschlussreiches Thema. Um 1600 hatte der Tabak begonnen, die Welt zu erobern, und seither ist die Menschheit in Freunde und Gegner dieser Pflanze geteilt.[1] Vierhundert Jahre später fassten Letztere den Entschluss, diesem Streit ein Ende zu setzen, indem sie sich anschickten, ihrerseits die Welt zu erobern und sie vom Tabak zu befreien. Waren es einst das Leitbild Europa und die Handelskompanien gewesen, die die globale Diffusion des Rauchens antrieben, so waren es jetzt das Leitbild Amerika und die Pharmaindustrie, die die globale Diffusion des Nichtrauchens antrieben. Hinzu kam

---

[1] Vgl. Hasso Spode: „Teufelskraut. Zur historischen Anthropologie des Tabaks", in: Rausch. Wiener Zeitschrift für Suchttherapie, 6, 2017, 2. Das Folgende ist eine überarbeitete Auskopplung daraus; ausführliche Literatur dort. Ich danke Pabst Science Publishers für die freundliche Genehmigung. Hoffman von Fallersleben: „Der Tabak in der deutschen Literatur", in: Weimarisches Jahrbuch 1855, hier S. 243.

allerdings ein weiterer Faktor: Der Auftritt suprastaatlicher Akteure, voran der Weltgesundheitsorganisation, die die unterschwellige Abkehr vom Rauchen aufgriffen, wissenschaftlich gestützt radikalisierten und schließlich in internationales Recht überführten.

1967 hatte die WHO in New York eine amerikanisch dominierte „Weltkonferenz zu Rauchen und Gesundheit" abgehalten[2] – da lag der Tabakkonsum in den USA doppelt so hoch wie in Deutschland. Hauptredner war ein bekennender Pfeifenraucher, der US-Sanitätsinspekteur Luther L. Terry. Gestützt auf seine vielbeachtete Metastudie, den „Terry-Report", warnte er vor beträchtlichen Gesundheitsrisiken, voran dem Lungenkrebsrisiko, durch die „Angewohnheit" des Zigarettenrauchens und kündigte das baldige Ende der Ära der Zigarette an. Auf einer Folgekonferenz, wiederum in New York, ging es 1975 nicht mehr allein um das Inhalieren beziehungsweise die Zigarette: Tabakrauchen, hieß es plötzlich, sei eine Drogensucht; es diene einzig dazu, dem Gehirn Nikotin zuzuführen. Zudem schädige es auch die Nichtraucher schwer und sei als „asoziales Verhalten" zu brandmarken und „auszumerzen". Doch den starken Worten folgten kaum Taten; die Macht der Tabakmultis war noch nicht gebrochen. Erst 1989 wurde auf Druck des WHO-Drogen-Komitees, traditionell eine Domäne der protestantischen Temperenzkulturen, der Tabak – zusammen mit dem Kaffee – in die Liste der „abhängig machenden Drogen" aufgenommen; noch 1974 hatte man ihn, da von geringer psychotroper Wirkung, ausdrücklich davon ausgenommen.

---

[2] Vgl. rampant-antismoking.com (Vincent-Riccardo Di Pierri) sowie Videos zur „1967 World Conference On Smoking And Health" auf Youtube.

Wiederum geschah nach außen hin zunächst wenig. Doch 1998, unter der norwegischen Generalsekretärin Gro Harlem Brundtland, zauberte die WHO einen Masterplan für eine „tabakfreie Welt" aus dem Hut: die Tobacco Free Initiative. Und flankierend traten weitere suprastaatliche Akteure auf den Plan: Die Weltbank, ansonsten Motor der neoliberalen Deregulierung, folgte mit einem Programm zur behördlichen „Eindämmung der Epidemie" (Tabakkonsum gilt hier somit als Infektionskrankheit), wobei sie ihre Macht als Kreditgeber nutzt, um in den Nehmerländern strikte Gesetze durchzusetzen. Auch die milliardenschwere Gates-Stiftung, die elf Prozent des WHO-Etats finanziert, verschrieb sich der *Tobacco Control* („Tabakbekämpfung", meist beschönigend mit „Tabakkontrolle" übersetzt); ebenso die Stiftung des Finanzmoguls Michael Bloomberg.

Diese Akteure schufen – im Verbund mit diversen Vorfeldorganisationen – eine klandestine tabakpolitische Weltregierung, durch personelle Querverbindungen und „Kooperationen" aufs engste verflochten mit den Global-Playern der Gesundheitsindustrie, an erster Stelle mit den Pharmariesen Novartis, Pfizer und GlaxoSmithKline. Auch wenn vieles noch im Dunkeln liegt, so zeichnet sich doch ab: *Big Tobacco* wurde unter tätiger Mithilfe der WHO von *Big Pharma* aus dem Felde geschlagen. Eine synthetische Pharmakologie des Alltags soll die pflanzenbasierte ablösen.[3] Wichtigster Hebel zur

---

3   Und so warnt die WHO nun vor Depressionen und Angststörungen, die die Welt jährlich eine Billion Dollar kosten würden (Die Zeit, 13.04.2016) – aufs Komma das Gleiche wie das Rauchen (Merkur, 16.01.2017). Hat Letzteres etwa sprunghaft zugenommen? Noch unlängst wurde eine halb so hohe Zahl verbreitet („Toll of tobacco around the world.", WHO 2009, S. 1). In Wahrheit kostet eine Volkswirtschaft das Rauchen aufgrund der Übersterblichkeit im mittleren Rentenalter keinen Cent und die globalen Kosten für Depressionen lassen sich nicht beziffern. Aus Zahlen mach Geld: Für das Heer der „Tabakabhängigen" protegiert die WHO Psychopharmaka und Entziehungskuren,

Umsetzung des Masterplans wurde das „Rahmenübereinkommen zur Eindämmung des Tabakgebrauchs" (FCTC), das 2005 in Kraft trat und dessen Einhaltung von über 50 akkreditierten Lobbyorganisationen überwacht wird. Fast alle der 193 UN-Mitgliedsstaaten traten bei und überführten die Vereinbarung in nationales Recht – von der Öffentlichkeit größtenteils unbemerkt. Damit verpflichteten sie sich, den Tabakverbrauch – dies ist der entscheidende, in seiner Tragweite regelmäßig übersehene Punkt! – „kontinuierlich" zu reduzieren, woraus logisch folgt, dass er irgendwann den Wert Null erreichen muss.

Totalitäre
Tendenzen

Das gleiche kryptoprohibitionische Programm hatte die WHO schon 1993 bei der *Alcohol Control* einführen wollen, musste es aber auf Druck etlicher Staaten zumindest offiziell fallenlassen. Anders nun bei der *Tobacco Control*. Die hierbei einzusetzenden Mittel – die Kombination verhältnispräventiver Verbote und verhaltenspräventiver Aufklärung beziehungsweise Volkserziehung – entsprechen grosso modo dem, was in den Vereinigten Staaten seit den späten 1970er-Jahren – als die Regierung den Tabak zum „Feind Nr. 1" erklärte und einen „Kreuzzug gegen den Tabak" ausrief – vorexerziert wird. Dabei haben just die USA (neben der Schweiz, Argentinien, Kuba und ein paar kleineren Staaten)

noch lukrativer sind andere erfundene Krankheiten: Impfprogramme gegen imaginäre Pandemien und Verschärfungen der Referenzwerte für Blutdruck, Zucker und Cholesterin. Die chronisch unterfinanzierte WHO hat sich auf eine brisante Allianz eingelassen: Bislang von untadligem Ruf, droht ihr ein Fiasko, werden die Machinationen von Big Pharma einmal so gründlich aufgedeckt, wie die von Big Tobacco.

die Unterschrift unter das Rahmenabkommen verweigert. Das Land bleibt uneins über den Tabak. Bereits um 1900 hatten mächtige Lobbyorganisationen nicht nur einen „Kreuzzug" gegen den Alkohol entfacht, sondern auch gegen den Tabak: Die „Ausrottung" des Alkohols sollte Hand in Hand gehen mit einem „rauchfreien Amerika". Die beiden verschwisterten Bewegungen entstammten den puritanischen Mittelschichtmilieus der „Reformers" und richteten sich primär gegen den Lebensstil und Einfluss der eingewanderten Unterschichten.[4]

Etliche Bundesstaaten erließen eine Tabakprohibition. Doch in den 1920er-Jahren – Alkohol war nun im ganzen Land verboten – sank der Stern der „Reformers". In den urbanen Bildungsschichten schlug ihnen Spott und Hass entgegen – die Tabakverbote fielen und die USA wurden Weltmeister im Qualmen. Heute haben etliche Bundesstaaten und Kommunen, wie Kalifornien und New York City, die Tradition der „Reformers" aufgegriffen und gehen radikal gegen Raucher und die Tabakkonzerne vor; andererseits aber haben ein Dutzend Bundesstaaten bislang nur sehr laxe Nichtraucherschutzgesetze erlassen. Die Steuersätze differieren (unvorstellbar in der EU) um neun Dollar pro Zigarettenpackung – das Trauma der 1933 unter großem Jubel aufgehobenen nationalen Alkoholprohibition ist nicht vergessen: Fragen der Lebensgestaltung werden nach dem Subsidiaritätsprinzip entschieden, d.h. nicht gesamtstaatlich, sondern auf Landes- oder Gemeindeebene.

Somit zählen die USA, im Ganzen betrachtet, nicht mehr zu den führenden Ländern im „Krieg gegen den Tabak".

4 Vgl. Josph R. Gusfield: „Symbolic Crusade", Univ. of Illinois 1976; Cassandra Tate: „Cigarette Wars", Oxford Univ. 1999; weitere Literatur bei Spode, siehe Anm. 1.

Diese Rolle haben einerseits andere Temperenzkulturen übernommen, wie Großbritannien, Australien und Neuseeland, wo der Packungspreis bis 2025 auf hundert Dollar steigen soll, andererseits autokratische Regime in Tradition der „orientalischen Despotie": die Türkei mit einer Unzahl kleinlicher, gleichwohl meist klaglos akzeptierter Verbote; Bhutan, das aus Angst vor schlechtem Karma nur privat eingeführte Zigaretten duldet; und voran Turkmenistan, wo es dem Präsidenten gefiel, Verkauf und Einfuhr gänzlich zu verbieten (wozu ihm WHO-Generalsekretärin Chan herzlich gratulierte). Nun ist die WHO-Rahmenvereinbarung jederzeit kündbar und Verstöße können nicht sanktioniert werden.

Anders im Fall der Europäischen Union. Deren Mitglieder sind doppelt daran gebunden: direkt als Unterzeichnerstaaten und indirekt über die EU – und Brüssel kann sehr wohl Sanktionen verhängen. Obschon nur ein Staatenbund und kein Bundesstaat, drängt die EU rastlos auf „Harmonisierung". Da ihr das bei „großen" Themen wie Zuwanderung, Finanzen, Energie und Soziales nicht gelingt, stürzen sich die zahlreichen EU-Kommissare auf „kleine" Themen, die gleichwohl von alltagsrelevanter Kulturbedeutung sind.[5] Staubsauger, Stickoxid, Strohhalme, Amalgam – nichts entgeht der zentralisierten Volksbeglückung. Manches mag da vernünftig sein, anderes absurd, doch der Souverän, das „Volk", ist gar nicht befugt, darüber zu urteilen. Das Europaparlament ist machtloser als der deutsche Reichstag zur Kaiserzeit. Es wird „von oben" durchregiert. Subsidiarität und kulturelle Identität, stets weihevoll beschworen, bleiben auf der Strecke – angesichts der grassierenden Europamüdigkeit ein Spiel mit dem Feuer. Exemplarisch hierfür die

5 Vgl. Hasso Spode: „Ressource Zukunft", Budrich 2008.

Tabakpolitik[6]: 1999 begann die EU-Kommission die in Maastricht vereinbarte nationale Zuständigkeit für die Gesundheitspolitik auszuhebeln, indem sie ihre Verantwortlichkeit für den Arbeitsschutz nutzte, um die Strategie der WHO in bindende „Richtlinien" zum Nichtraucherschutz umzumünzen. Seither sind solche „Richtlinien" Zug um Zug verschärft worden, zuletzt 2014: Ekelbilder, Mentholverbot und andere vom Nichtraucherschutz, dem ursprünglichen Interventionspunkt, gänzlich entkoppelte Vorschriften. Denn inzwischen sind die Maastricht-Versprechen nicht nur beim Euro Makulatur: Brüssel ist jetzt auch ganz offiziell für die Gesundheit zuständig. Europa ist mithin die einzige Weltgegend, in der Verstöße eines Landes gegen die WHO-Rahmenvereinbarung völkerrechtlich wirksam geahndet werden können.

Globale Entwicklung
und Eugenik

Wie in anderen „westlichen" Kulturen ist auch in den EU-Ländern der Zigarettenkonsum mehr oder weniger rückläufig. Global hingegen ist eine Zunahme zu verzeichnen, allen voran in China, das ein Viertel der Weltproduktion erzeugt; Mao und der greise Deng Xiaoping waren Kettenraucher, doch hier setzt allmählich ein politisches Umsteuern ein (zumal die WHO und *Big Pharma* ins Land geholt wurden, um das marode Gesundheitssystem zu entstaatlichen). Anders in vielen Entwicklungsländern, wo die Zigarette noch

---

6 Das „Grünbuch" der EU für ein „rauchfreies Europa" verwirft das Subsidiaritätsprinzip ausdrücklich. Schließlich stoßen Verbote auf sehr unterschiedliche Akzeptanz: in Italien und Schweden auf die höchste, in Mitteleuropa auf die geringste, was nicht die Raucherquoten, sondern Grundwerte spiegelt („Grünbuch für ein rauchfreies Europa: Strategieoptionen auf EU-Ebene", EU-Kommission 30.01.2007).

ein knappes, prestigeträchtiges Gut ist. Über kurz oder lang dürften sie sich aber den derzeit vorherrschenden Bewertungsmustern in den hoch entwickelten Ländern annähern, weniger aufgrund vertraglicher Verpflichtungen als vielmehr dank der latenten Leitbildfunktion des „Westens" – und hier zumal der missionarischen Temperenzkulturen –, die auch dann wirksam sind, wenn sie vehement abgelehnt werden. Eine ganz andere Frage ist, welche Alltagspharmakologie dann im „Westen" im Trend liegen wird. Neuro-Enhancer, Cannabis?

Wie weit die Tabakbekämpfung noch gehen soll, bleibt umstritten, ethisch wie grundrechtlich. Geht es nach der WHO, der EU und der Pharmaindustrie, bis hin zur Prohibition, die freilich nicht mehr so genannt wird und nicht mehr schlagartig eingeführt werden soll, sondern sukzessive durch Steuererhöhungen und eine eskalierende Nadelstichtaktik. Passionierte Raucher, weiterhin eine bedeutende Minderheit, sehen da mit Bangen in die Zukunft. Zweifellos werden die Schrauben noch weiter angezogen (nicht allein bei der *Tobacco Control*, sondern auch – nach deren Vorbild – auf anderen präventionspolitischen Feldern, allen voran beim Alkohol). Viele Raucher werden noch kapitulieren und wie Millionen andere Exraucher feststellen, dass sie gesundheitlich „wohler" sind (wenn auch nicht „glücklicher", wie Sigmund Freud den Verzicht auf seine Zigarren kommentierte). Die Endzeitstimmung engagierter Tabakfreunde ist also für sich genommen unbegründet. Die Utopie einer Welt ohne Tabak ist so folgenschwer nicht wie ihre Vorgänger in der ersten Hälfte des 20. Jahrhunderts: pharmakologisch nicht so einschneidend wie die einer vom Alkohol befreiten Welt und politisch nicht so verheerend wie die einer von

„Minderwertigen" befreiten, wie sie die Rassenhygiene beziehungsweise Eugenik betrieben hatte.

Allerdings ist es grundsätzlich bedenklich, ein altes Kulturgut „auszumerzen" (einst ein Lieblingswort der Rassenhygieniker), ohne dessen Leistungen[7] auch nur zur Kenntnis zu nehmen – zumal wenn es sich dabei erneut um eine primär *symbolische* Gesundheitspolitik handelt: Der Tabak steht erneut pars pro toto für einen „falschen" Lebensstil und Wertekanon. Den Konsumenten wird daher das Recht und (mit Hilfe der Suchttheorie) die Fähigkeit abgesprochen, über sich selbst zu bestimmen. Kein Wunder, wenn sie in vehemente Abwehrhaltung gegen solche „Bevormundung" verfallen. Gleichsam Schützenhilfe erhalten sie aus der autonomen, soziokulturellen Forschung, die die verborgenen Antriebe solcher Kreuzzüge, ob gegen Alkohol, Drogen, Prostitution oder Tabak, und die verborgenen Funktionen der von diesen attackierten Praktiken untersucht. Die historische Analyse zeigt zudem, dass die gegenwärtige Anti-Tabak-Bewegung dereinst Schiffbruch erleiden wird. Ihr neuartiger transnationaler Charakter und die neuartige Verflechtung mit den Interessen einer mächtigen Wirtschaftsbranche verleihen ihr zwar größere Stabilität als ihre Vorgänger sie hatten, doch auch sie bleibt abhängig von sozialen und mentalen Randbedingungen, von Strukturen langer Dauer, auf die sie kaum Einfluss hat. An erster Stelle ist hier das Präventionsparadox zu nennen und das damit verbundene Gesetz des zyklischen Wechsels der Dominanz restriktiv-asketischer und permissiv-hedonistischer Konzepte vom „richtigen Leben":

---

7   Vgl. Peter Franzkowiak: „Alltäglicher Genußmittelkonsum und medizinische Risikodefinition", Diss. Univ. Göttingen, 1985.

Die ältere Anti-Alkohol-Bewegung (und mit ihr die erste Anti-Tabak-Bewegung) war an ihrem Erfolg gescheitert: Enthaltsamkeit wurde Pflicht und hatte damit als Ausweis moralischer Überlegenheit ausgedient. Die Freiheit zum – auch ungesunden – Genuss avancierte stattdessen zum Leitwert, und der riesige Apparat „alkohologischer", sprich: epidemiologischer und medizinischer Forschungen, der die Prohibition legitimiert hatte, wurde als falsch oder unwichtig ad acta gelegt – darunter auch durchaus valide Erkenntnisse. Das gleiche Schicksal ereilte dann die Rassenhygiene, die nicht zuletzt auch den Antialkoholismus legitimiert hatte: Nach dem Krieg wurden die eugenischen Zwangsgesetze suspendiert; die „streng wissenschaftliche" Rassenhygiene entpuppte sich als ein schrecklicher Wahn.

Die Zukunft des
Tabaks

Es ist nicht ersichtlich, wie die derzeitige Anti-Tabak-Bewegung dem Fluch des Scheiterns durch Erfolg entrinnen könnte. Dies umso weniger, als sie sich (anders als noch Luther Terry) nicht darauf beschränkte, den besonders gesundheitsschädlichen Konsumpraktiken den Kampf anzusagen. Stattdessen entfachten „Moralunternehmer" (J.R. Gusfield) erneut einen protestantisch grundierten „Kreuzzug", der sich die totale „Ausmerzung" des Tabaks auf die Fahne schrieb. Die „Verquickung von Wissenschaft, Moral und Politik" (H. Frenk / R. Dar) macht die *Tobacco Control* zu einer „verkappten Religion" (C.C. Bry) – und genau dies lässt sie als im Innersten fragil erscheinen, hilflos dem jeweiligen Zeitgeist ausgeliefert. Heute bildet er ihren Nährboden. Doch wie heißt es so schön bei Schopenhauer: „Wer sich mit dem Zeitgeist verheiratet, ist morgen verwitwet." Dreht sich irgendwann der Wind, und die der Chimäre eines risikofreien Lebens nachjagende „Besorgnisgesellschaft" (G. Ropohl) wendet sich wieder dem Prinzip des „rechten Maßes" beziehungsweise dem präventiven Grenznutzen zu, verliert die *Tobacco Control* ihr soziokulturelles Umfeld und wieder wird es heißen: „Der Kaiser ist ja nackt!" Ihre Vorgänger betrieben eine Eskalation der Rhetorik und der Mittel, bis hin zu einer machttrunkenen Raserei, die sich schließlich selbst ad absurdum führte. Blind gegen die Lehren der Geschichte, bewegt sich die *Tobacco Control* längst auf denselben Geleisen.

Gegenwärtig sonnt sie sich in ihren Erfolgen. Nachdem die Zigarette in den 1980er-Jahren ohnehin ihren Zenit erreicht hatte, hat die Anti-Tabak-Bewegung in der Tat den Rückgang des Rauchens stark beschleunigt, und zwar indem sie die funktionalen Aspekte des Tabakkonsums ausblendet und die somatischen Folgeschäden nicht nur minutiös aufzeichnet, sondern auch propagandistisch überzeichnet. Wie der einstigen Anti-Alkohol- und der mit ihr verbandelten Eugenik-Bewegung gelingt es ihr erneut, durch die schiere Masse an Studien, Resolutionen und Verlautbarungen eine Omnipräsenz zu erzeugen[8], die selbst offenkundig Absurdem eine Aura unbestreitbarer Evidenz verleiht.[9] Doch der

---

[8] Neben den Medien, die Tatarenmeldungen meist ungeprüft übernehmen, ist hier Wikipedia zu nennen, dessen einschlägige Lemmata durchweg die Handschrift engagierter „Moralunternehmer" tragen.

[9] Ein Beispiel: Im Bereich der zufallsbedingten Schwankungsbreite liegende Rückgänge der Myokardinfarkte werden als Erfolg der Einführung von Rauchverboten in Gaststätten gefeiert: „Rauchverbot senkt Zahl der Herzinfarkte drastisch" (Welt, 13.02.2010). Aufgrund der Geringfügigkeit der Exposition und der langen Pathogenese eines Infarkts ist dies offenkundig Unsinn – steigt die Inzidenz zufallsbedingt wieder, unterbleibt die Meldung: „Rauchverbot erhöht Zahl der Herzinfarkte drastisch".

Überschuss des Wollens über das Wissen und der entsprechende Tunnelblick[10] sind riskant. Die Politik hat sich von Daten abhängig gemacht, die bereits heute in Teilen umstritten sind und morgen womöglich als obsolet gelten, sei es aufgrund innerwissenschaftlicher oder gesellschaftlicher Entwicklungen. Dies setzt die Legitimität einer als wertfrei deklarierten *Tobacco Control* aufs Spiel, die das Rauchen nicht mehr – wie in der Vormoderne – als Sünde oder – wie noch weit ins 20. Jahrhundert – als Belästigung bekämpft, sondern sich auf vermeintlich objektive, „wissenschaftlich bewiesene" Sachzwänge beruft. Geraten nun zentrale Theoreme ins Wanken – etwa die Mär vom hoch toxischen Nikotin[11] –, können Restriktionen, die derzeit noch mehrheitlich begrüßt werden, als „Paternalismus" empfunden werden und wieder eine Resistenzhaltung provozieren, die sich der tradierten Symbolik des Tabaks als Zeichen gegen Bevormundung bedient.[12]

Was bedeutet dies nun für die Zukunft des Tabakkonsums? Darüber lassen die historischen Befunde nur informierte Vermutungen zu. Die „tabakfreie Welt" der WHO-Strategen wird es aber nicht geben. Eine seit einem halben Jahrtausend in der Pharmakologie des Alltags verankerte Substanz lässt sich nicht „ausmerzen"; nicht auszuschließen ist hingegen, dass sie für eine ungewisse Zeit in die Halb- oder Illegalität gedrängt wird (wobei sich der Schwarzmarkt aufgrund der milden Wirkung im Vergleich zu „harten" Drogen

---

[10] Ein gespenstisches Beispiel: Zum kriegsverwüsteten Syrien bekundet die WHO ihre Sorge, dass der Gebrauch von Wasserpfeifen zugenommen habe (Margaret Chan et al.: „The Tobacco Atlas", 5. A., 2015, S. 40).

[11] Noch unlängst wurde die Letaldosis von der Tabakforschung allen Ernstes mit 0,8 bis 1 mg pro kg Körpergewicht beziffert – Nikotin wäre weit giftiger als Zyankali. Dabei weiß die Pharmakologie seit alters, dass die Toxizität 10- bis 20-mal geringer ist.

[12] Zum sensorischen Zeichencharakter des Rauchens vgl. Spode, siehe Anm. 1.

in Grenzen halten dürfte, und eine Legalisierung von Cannabis Tabak- beziehungsweise Rauchverbote unterlaufen könnte). Offen ist auch, welche Konsumpraktiken in fernerer Zukunft überwiegen werden. Die gesundheitsschädlichste und am wenigsten ritualisierte Konsumform – die Zigarette – ist jedenfalls ganz unabhängig von Verboten und Ekelbildern auf dem Weg zum sinkenden Kulturgut. Im Prinzip hatte Terry Recht, als er vor einem halben Jahrhundert ihr Ende verkündete, nur war das etwas voreilig. Doch irgendwann dürfte ihr Niedergang auch die letzten „bildungsfernen" Milieus erreichen.

Dann aber kann Tabakabstinenz nicht mehr als Mittel sozialer Distinktion fungieren. Das Spiel könnte von neuem beginnen. Nicht schon der bloße Gebrauch, sondern – wie in der einstigen Medizin – der Missbrauch stünde in der Kritik und man dürfte die angenehmen Effekte des Nikotins wieder legitim genießen. Pfeife oder Zigarre könnten eine Renaissance erleben. Berücsichtigt man allerdings weitere, nicht-zyklische Strukturen langer Dauer, nämlich die seit 1800 kontinuierlich wachsende Sensibilität gegenüber Gerüchen und Luftschadstoffen und die sukzessive Zurückdrängung des Feuers seit Einführung der elektrischen Beleuchtung und der Zentralheizung, scheint es mindestens ebenso denkbar, dass „heiße" Konsumformen dauerhaft marginalisiert werden. Das spräche für Snuff und Snus; mehr noch könnte das elektrische „Dampfen" nikotinhaltiger Liquids diese Lücke füllen. Es imitiert Symbolik, Pharmakologie und Rituale des „heißen" Konsums, ohne nach bisheriger Kenntnis nennenswerte gesundheitliche Nachteile aufzuweisen; es ist freilich technisch noch unausgereift und daher bevorzugt ein Steckenpferd männlicher Exraucher. Sein Potenzial lässt sich allerdings daran ablesen, dass die WHO nachgerade panisch versucht, das Dampfen zu ächten.

Unwissenschaftliche
Tabakforschung

Clemenceau meinte, der Krieg sei eine zu ernste Angelegenheit, um ihn den Militärs zu überlassen. Doch genau dies geschieht im „Krieg gegen den Tabak". Die Militärs, das sind hier die Experten der *Tobacco Control*, des transnationalen Geflechts aus Politik, Verbänden und Wissenschaft, als dessen akademisches Rückgrat die epidemiologisch-medizinische Tabakforschung fungiert. Diese Wissenschaft ist eng limitiert: keine breite, wissbegierige Tabakforschung, sondern bloße Tabakfolgeschädenforschung, nach eigenem Verständnis dazu berufen, die Welt zu retten – deren Komplexität sie freilich nicht einmal erahnt. Im Gegensatz dazu sieht sich die Geschichtswissenschaft nicht als unmittelbar involvierter Akteur, der verkündet – was er schon immer wusste –, wie die Dinge sein *sollen* und daher widersprechende Befunde als Bedrohung fürchten muss und womöglich als Machwerk böswilliger „Leugner" auszugrenzen trachtet, sondern als Beobachter, der versucht zu ergründen, wie die Dinge *sind* und daher Widersprechendes für den Erkenntnisfortschritt nutzen kann. Auch dies soll helfen die Welt zu verbessern, doch wie jede Grundlagenforschung ist die Historie gerade deshalb gehalten, Abstand zu wahren gegenüber den Forschungsgegenständen und die Verwertung ihrer Resultate nicht selbst zu organisieren, sondern anderen gesellschaftlichen Akteuren anheimzustellen.

Genau dies ist bekanntlich die bewährte Funktion der „reinen" Wissenschaft, und genau daran fehlt es der „tabakkritischen" Forschung seit ihren Kindertagen. Diese angewandte Disziplin ist es, die derzeit den Diskurs und die Agenda prägt. Doch ihr mangelt es an Autonomie und Selbstreflexivität, die ein Handwerk erst zu einer Wissenschaft machen. Stattdessen folgt sie allzu oft einem hemmungslosen Utilitarismus, der jedes Mittel gutheißt, wenn es nur das erwünschte Resultat erbringt. Der Primat des Gestaltenwollens, der Wille zur Macht verleitet sie nicht allein zur Produktion von Absurditäten bis hin zur platten Lüge. Er begründet ihre essentielle Fragilität, die – vergleichbar mit der einstigen „Alkohologie" und der Rassenhygiene – nur im Niedergang enden kann, frei nach Homer: „Denn sie bereiteten selbst durch Missetat ihr Verderben." (OD I,7) Manche empirischen Studien werden von Bestand sein, andere als ideologischer Unsinn entsorgt werden; vor allem aber sind kaum zentrale Erkenntnisse über komplexe Zusammenhänge zu erwarten, die über den Tag hinaus reichen. Dies können nur Ansätze leisten, die der wissenschaftlichen Ethik verpflichtet sind – voran der offenen Debatte und der relativen Autonomie[13] –, und die den Tabakkonsum nicht aufs Biologische – und hierbei aufs Schreckliche – reduzieren, sondern ihn ganzheitlich auffassen und in den „Zusammenhang mit großen Weltveränderungen"[14] stellen. Und indem die Geschichtsforschung methodisch kontrolliert Abstand zu ihrem Gegenstand hält, hilft sie uns auch Abstand zum Getöse des Hier und Heute zu gewinnen und die Gegenwart aus ihrer „Selbstverständlichkeit zu erlösen" (N. Elias). Auf diese Weise schrumpfen die Horrorzahlen der Tabakfeinde und ihre

---

13 Vgl. Spode, siehe Anm. 5.
14 So schon der geniale Historiker August Ludwig Schlözer: „Origines Tabaci", in: „Briefwechsel meist historischen und politischen Inhalts, 3-III-15", 1780, hier S. 153.

utopischen Hoffnungen wieder auf Normalmaß. Ebenso die Verlustängste und Untergangsvisionen der Tabakfreunde.

DANIEL KOFAHL

You can't beat the feeling

Über den demokratischen Genuss industriell geprägter Ernährungskultur

Ich möchte mit einer persönlichen Anekdote beginnen. Sie liegt inzwischen über 20 Jahre zurück, besitzt jedoch einen festen Platz in meiner (Ess-)Biographie. Sie spielt in der Mitte der 1990er-Jahre und im Grunde handelt es sich sogar um eine Beichte, ein Geständnis. Ich muss circa 13 Jahre alt gewesen sein. Ein Alter also, in dem mein juveniles Rabaukentum bei Eltern und Lehrern nicht nur fröhliches Entzücken hervorrief. Meine Mutter, eine Italienerin und Meisterin in der Zubereitung köstlicher Speisen, war trotz all der Sorgen, die ich ihr seinerzeit machte, fürsorglich genug, mir jeden Morgen in aller Herrgottsfrühe ein Butterbrot als Schulverpflegung zuzubereiten. Dieses Butterbrot würde man heutzutage wohl mit Namen wie „Fitness-Vollwert-Gourmet-Stulle" bewerben und im Straßenverkauf für mindestens 8,99 Euro an die „Bionade-Bourgeoisie" verkaufen.

Meine Mutter allerdings hat mit diesem Lifestyle-Milieu nichts am Hut. Sie ist als Gastarbeiterkind nach Deutschland gekommen, hat später dann einen norddeutschen Ingenieur – meinen Vater – geheiratet, um anschließend in einem wirklichen Clash of Cultures eine Hybrid(-küchen-)kultur zu etablieren, die südländisch-katholische Genussfreude mit protestantisch-deutscher Funktionalität kombinierte. Deshalb eben auch ganz klassisch ein „Butterbrot" für den

Schuljungen, aber nicht einfach ein „Einfaches". Das Brot bestand aus einer Vollkornschnitte vom Bäcker, selbstverständlich kam darauf Butter, mal diese und mal jene Wurst vom Metzger, frische Salatblätter – je nach Jahreszeit aus dem heimischen Garten –, etwas Mayonnaise, ab und an auch mal Tomaten oder Gurkenscheiben, selbstverständlich alles als „Doppeldecker". Wie oft denke ich heute daran zurück.

Allein die Crux war, ich bin seinerzeit überhaupt kein Fan von diesen Schnitten gewesen. Ich aß sie, wenn ich wirklich hungrig war und sich kein anderer Ausweg mehr bot, sonst irgendwie den knurrenden Magen zu beruhigen. Doch das Wasser im Mund ließ mir etwas ganz Anderes zusammenlaufen. Und zwar der Inhalt der Pausenbrotdose meines Mitschülers Michael. Dessen Mutter war alleinerziehend mit gleich zwei pubertierenden Buben, außer Haus berufstätig und somit im morgendlichen Stress etwas pragmatischer und wohl auch konsumhedonistischer orientiert. Die Dame packte ihrem Sohn die Dose nämlich zeitweise einfach voller sogenannter Kinder-Produkte aus dem Hause Ferrero: Milchschnitten, Pinguí, Ü-Eier und wie sie alle heißen. Für meinen Sitznachbarn David, ein Bruder im (alimentären) Geiste, dem seine Mutter nämlich ebenfalls Stullen schmierte, und für mich war das eine gustatorische Verlockung sondergleichen, die sich Tag für Tag in Michaels Schulranzen befand. Und dann taten wir etwas, das man selbstverständlich nicht tun sollte: Wir begingen ein Verbrechen aus genussgetriebener Esslust.

Bevor es zur großen Pause hinaus auf den Schulhof ging, legten David und ich vorsichtig einen Fensterhebel so um, dass das Fenster unbemerkt geöffnet war. Unser Klassenraum lag ebenerdig nach hinten hinaus auf der Rückseite des Schulgebäudes. Während die Mitschüler in der Pause ihre Spiele spielten, plauderten oder erste Zigaretten im angrenzenden Wäldchen pafften, schlichen David und ich uns um die Schule herum, kletterten durch das geöffnete Fenster in den Klassenraum und plünderten Michaels Brotdose. Warum auch immer, er aß seine Köstlichkeiten nie in der Pause oder vielleicht, weil sie so prall gefüllt gewesen ist, zumindest niemals alle. So ließen David und ich es uns so richtig schmecken. Erwischt worden sind wir nie, auch wenn der plötzliche Lebensmittelschwund mehr als einmal von unserem Klassenlehrer thematisiert und mit mahnenden Worten an die Mundräuber bedacht worden ist.

Noch heute erinnere ich mich jedes Mal, wenn ich mir wieder eine Fünferpackung Milchschnitten einverleibe, an diese vortrefflichen Pausensnacks. Und das sei zum Schluss noch gesagt: Inzwischen bezahle ich sie selbstverständlich alle an der Kasse!

„Wecke den Tiger in dir" – Industriekritik kritisch gesehen

Dass man industriell gefertigtes Essen heutzutage noch genießen kann, scheint in manchen Kreisen inzwischen völlig unvorstellbar zu sein. Auf gar keinen Fall darf man sich positiv über industriell produzierte Lebensmittel äußern. „Die Ernährungsindustrie" scheint nicht nur eine global operierende Geheimloge zu sein, die sich regelmäßig um Mitternacht in düsteren Katakomben trifft, um den nächsten Kalorien-Anschlag auf eigentlich unwillige Esser vorzubereiten. Das Kurioseste ist, dass sie anscheinend Produkte herstellt, die eigentlich gar nicht schmecken, aber trotzdem irgendwie generöse Umsätze erzeugen. Wie kann das sein?

Ach ja! Werbekampagnen und „Süchtigmacher". Die anscheinend völlig grenzdebilen Mitmenschen fallen die ganze Zeit auf kleine Videogeschichten rein und glauben, wenn sie nur den richtigen Rum kaufen, dass sie dann auch auf die Barcardi-Insel teleportiert werden. Oder lauter verblendete, willensschwache Konsumenten kaufen Tag für Tag Produkte, die nicht schmecken, weil dort irgendwelche Zutaten drin sind, die wie Heroin wirken sollen: Zucker, Salz, Fett. Nur gut, dass es eine Gruppe elitärer Ernährungspropheten gibt, die sich davon freimachen konnte, nicht so naiv ist, wie das Gros der Verbraucher und nun endlich „aufklärt" über das, was wirklich gut ist. Nämlich all das, was eben diese Gruppe nicht mit dem Bannfluch „industriell" belegt.

Die hysterische Unterkomplexität, die diese Diskussion bestimmt, ist offensichtlich. Die Begrifflichkeiten, die verwendet werden, sind unscharf. Manche Dinge werden einfach negiert und ausgeblendet, etwa die beinah vollständige Beseitigung von Hunger in den Industrie- und Schwellenländern, die Bekämpfung von Mangelernährung in den Entwicklungsländern und das beinahe völlige Verschwinden von Versorgungsknappheit auf dem globalen Lebensmittelmarkt durch industrielle Produktion. Auch wenn immer wieder das Gegenteil behauptet wird: In vorindustrieller Zeit waren Hunger und Verzicht für große Teile der Menschheit eher die Regel als die Ausnahme. Gerade auch dank der modernen Agrar- und Ernährungsindustrie ist es heute umgekehrt. Es ist mehr als zweifelhaft, ob die gern romantisierte „kleinbäuerliche Landwirtschaft" dies ohne die Methoden der Grünen Revolution, wie zum Beispiel chemischen Düngemitteln und Hochertragssorten sowie nachgelagerter industrieller Verarbeitung, in dem Ausmaß für eine immer weiter steigende Weltbevölkerung mit selbstverständlichen steigenden Ansprüchen an ihre Lebensqualität hinbekommen könnte.

Ebenfalls gern kolportiert wird der Vorwurf, es gebe eine immer kleinere Auswahl zur Verfügung stehender Lebensmittel. Es wird zum Beispiel davon erzählt, dass es früher einmal tausende von Apfelsorten im deutschsprachigen Raum gegeben habe. Nur sind die erstens seinerzeit auch nicht alle für alle erhältlich gewesen. Viele Menschen werden sehr viel seltener überhaupt Äpfel und dann meist von zweifelhafterer Qualität verzehrt haben. Und dann wird man auch nur an wenige Sorten – wenn es überhaupt Auswahl gegeben hat! – herangekommen sein. Und überhaupt schließt eine in weiten Teilen industrielle Lebensmittelproduktion gar nicht aus, dass es diese Sorten auch in Zukunft geben wird. Gerade dass es eine gedeckte Basisversorgung mit ausreichend nahrhaften und wohlschmeckenden Lebensmitteln aus industrieller Fertigung und Veredlung gibt, ermöglicht all den Slow-Food-Fans und neuen Radikal-Regional-Enthusiasten, ihre aufwendig und pflegeintensiven Produkte als Nischenmarkt auf dem Gourmetsektor zu etablieren, global zu bewerben und auf dem Weltmarkt zu handeln.

Auf der anderen Seite ist das Angebot an Lebensmitteln durch die industrielle Produktion gar nicht reduziert, sondern in der Tat erweitert worden. Dass man in einem großen Supermarkt bis zu 27.000 verschiedene Produkte findet und selbst in einem kleinen Supermarkt das Sortiment noch etwa 5000 bis 17.000 Produkte umfasst, mag mit dem Blick auf die Vergangenheit vielleicht noch die französische Aristokratie betrüben, weil es nicht überall Fasan gibt. Die viel zitierte „Großmutter" und noch mehr die „Urgroßmütter" all derjenigen, die heutzutage immer wieder ermahnen, man soll nichts essen, was nicht eben diese Altvorderen schon verzehrt hätten, wären dankbar gewesen, wenn es im sich beständig wiederholenden Ernährungsalltag diese Abwechslung von heute gegeben hätte. Und sie waren es ja auch. Denn in dem Moment, als sich ihnen die verführerischen Genüsse der neuen Produktionsmethoden eröffneten, griffen sie gerne zu und etablierten diese Form der Ernährungskultur weiträumig.

„Quadratisch, praktisch, gut" – Pragmatische Gründe für industrielle Lebensmittel

Mit der Kritik an industriell gefertigten Produkten geht nicht selten ein sehr eingeschränktes Verständnis von Genuss einher. Selbstverständlich haben die meisten Menschen irgendeine nichtindustrielle Speise, die sie besonders lieben. In meinem Fall zum Beispiel die Lasagne alla Mama oder Omas Apfelstrudel. Und wer etwa eine spezielle Vorliebe für das besonders fettreiche, fast schon im Mund schmelzende Fleisch des Wagyū-Rinds oder ein anderes High-End-Gourmet-Lebensmittel hat, wird fraglos auch das nur aus einer nichtindustriellen Haltung, Schlachterei, sonstigen Manufaktur oder Hochküche erhalten.

Nun spielt sich das Leben der meisten Menschen allerdings nicht vorwiegend in einem Rahmen ab, in dem Mütter oder Großmütter einen nach Herzenswunsch täglich oder gar mehrmals täglich mit den besten Speisen bekochen. Das mag manch einer vermissen, weil es in bestimmten Geschichten, die man so erzählt bekommt, den Anschein hat, das sei „in den guten alten Tagen" so gewesen. Doch selbst dort musste man sich die Herausnahme der Frauen aus dem Erwerbsleben leisten können. Und nun haben sich bestimmte

Lebenswirklichkeiten doch unbestreitbar geändert: berufliche Emanzipation der Frau, Single-Haushalte, hochmobile flexible Arbeitsverhältnisse und so fort haben dazu geführt, dass in der Tat nicht mehr jeden Tag selbst gekocht wird. Auch die beliebte Idee, die Männer sollten nun den irgendwie vermissten Teil (alimentärer) Hausarbeit übernehmen, fruchtet in der Praxis irgendwie nicht so richtig. Dafür gibt es unterschiedliche Gründe: von freilich genauso wie die moderne Frau in Arbeit- und Lebenskontexte eingebundenen Männern bis hin zum sich kaum wandelnden Rollenmodell, welches vor allem Frauen von (attraktiver) Männlichkeit haben. Auf jeden Fall kochen Männer zwar immer öfter gern und gut, aber eben auch nicht jeden Tag, schon gar nicht mehrmals täglich, sondern vor allem am Wochenende, dann aber auch gerne für die Frau, den Partner oder für Freunde.

Gerne gut und schmackhaft essen die Menschen trotzdem. Und die meisten Menschen besitzen hier einen alltagstauglichen Pragmatismus. Der ist wie gemacht dafür, sich durch die Überfülle an Nahrungsmitteln, die zur Verfügung stehen, hindurchzubewegen. Sicher, es gibt die Diskussion über den „verunsicherten Verbraucher", den die Fülle der Produkte hoffnungslos überfordert. Aber sind denn die Verbraucher wirklich verunsichert? Eher nicht. Im Gegenteil. Die meisten wissen – noch – ziemlich genau, was ihnen schmeckt, welche Produkte sie mögen, welche nicht und auch, was ihnen guttut und was ihnen Unwohlsein bereitet. Wenn die Hysterie über die schlimmen Süchtigmacher in den Lebensmitteln stimmen würde, kombiniert mit dem Gespenst des verunsicherten Verbrauchers, so säßen überall am Straßenrand betrunkene Menschen mit schokoladenverschmierten Gesichtern, denen ein letztes Stück Putenfleischwurst aus dem von Angstattacken zuckenden Mund hinge.

Doch die Zahl dieser Personen hält sich wahrlich in Grenzen. Stattdessen: Es wird Obst und sogar Gemüse gekauft, hektoliterweise Wasser getrunken und obendrein Käse gegessen, obwohl es doch Nutella gibt. Sicher, es gibt immer ein paar, die aus der Reihe fallen, so wie manche Leute durch Bücherlesen „der Welt abhandenkommen" können oder im Berufsleben bis zum Karoshi arbeiten. Doch damit ist auch nicht gleich das gesamte System der Literatur oder der Erwerbsarbeit diskreditiert. Es sieht also mehr danach aus, als sollten die sich gut in ihrem Essalltag zurechtfindenden Menschen durch die beständige Kommunikation, dass man doch über seinen Essalltag verunsichert zu sein habe, erst noch verunsichert oder sogar verängstigt werden.

Dabei gibt es viele praktische Gründe, die industriell produzierte Lebensmittel als Alltagsnahrung plausibilisieren. Sie sind zum einen oft relativ günstig im Preis. Ein sehr zentrales Argument für einen Großteil der Bevölkerung, der beständig mit Budgetrestriktionen zu kämpfen hat und sich überlegen muss, ob das Geld beispielsweise für Essen, für Qualitätsjournalismus oder für die private Zusatzversicherung ausgegeben werden soll.

Als Nächstes wäre die gleichbleibende Qualität der Produkte zu nennen. Von Kritikern wird immer mal wieder bemängelt, es gäbe viel bessere handwerklich hergestellte Produkte. Das mag ja sein. Aber es gab und gibt auch viele handwerklich sehr viel schlechter hergestellte Produkte. Und beim Essen ist es besonders ärgerlich, wenn man an diese gerät, weil man sie nach dem Verzehr nicht so einfach wieder zurückgeben und umtauschen kann. Der Arbeits- und Zeitaufwand dafür, beim Lebensmitteleinkauf als Konsument immer wieder Einzelprodukte prüfen und kontrollieren zu müssen, ist völlig unverhältnismäßig, wenn man die Alternative der zumeist qualitativ guten Produkte aus industrieller Fertigung hat.

Und schließlich der Nachtmahr der Modernisierungskritiker schlechthin: *Convenience-Food* und *Fertiggerichte*. Auch wenn es keine Belege dafür gibt, dass selbstgekochtes Essen zwingend gesund, ökologisch nachhaltig oder gar lecker ist, Convenience-Food und Fertiggerichte scheinen für die Populärkritik direkt aus der zugefrorenen Hölle zu kommen.

Vielleicht schmecken sie gerade deshalb vielen Menschen höllisch gut. Ein Blick auf diverse Warentests zeigt, dass sie objektiv oftmals von guter Qualität sind. Sie schmecken gut und sie sparen Arbeitszeit. Wer nach einem achtstündigen Arbeitstag nach Hause kommt und vielleicht auch noch etwas Haushalt zu erledigen hat oder auch einfach mal Zeitung lesen, mit Freundinnen telefonieren, lieber mit den Kindern spielen oder was auch immer machen will, warum sollte der nicht den fertig vorbereiteten Rotkohl aus dem Tiefkühlfach nehmen? Oder eine vorbereitete Reispfanne? Oder auch einfach ab und an mal eine Tiefkühlpizza? Es gibt keine rationalen Argumente dagegen. Weder die Gesundheit, noch die Kochkultur, noch der Genuss leiden zwangsläufig darunter.

„Einmal gepoppt, nie mehr gestoppt" –Genussindustrie

In diesem Abschnitt soll nicht darauf eingegangen werden, dass die Angstmacher und Unheilspropheten oftmals selbst zentrale wirtschaftliche Interessen auf dem Lebensmittelmarkt besitzen und es sich bei der Industriekritik in aller Regel um einen ökonomischen Kampf um Marktanteile handelt, ausgetragen auf dem Rücken der Essenden. Hier soll es um Genusserfahrungen gehen, wie sie beispielhaft in der Eingangsanekdote beschrieben worden ist.

Diese Genusserfahrungen bei dem Verzehr industriell gefertigter Lebensmittel werden nämlich allenthalben ausgeblendet, klein- oder schlechtgeredet. Dabei stößt man unentwegt darauf, dass Konsumenten betonen, wie sehr ihnen diese Produkte schmecken, wie gern sie sie verzehren.[1]

Das spannende an den Massenprodukten der industriell geprägten Ernährungskultur ist, dass es tatsächlich gelingt, den Geschmack einer Vielzahl von Menschen positiv anzusprechen. In der Kritik wird dies oftmals verächtlich thematisiert und zum Beispiel als „demokratischer Mischgeschmack" oder „Demokratisierung des feinen Geschmacks" diffamiert. Doch solche Aussagen zeugen vor allem von der snobistischen Demokratieverachtung der so Argumentierenden. Es ist nichts schlecht daran, wenn Produkte entwickelt werden, die in hoher Stückzahl auf den Markt gebracht werden, vielen Menschen munden und von diesen auch bezahlt werden können. Dies erzeugt ein vergemeinschaftendes Genussmoment, etwas Sinnliches, auf das sich all die unzähligen Individuen der ausdifferenzierten Massengesellschaft berufen können. Die industriellen Massenprodukte sättigen nicht nur, sie liefern nicht nur wichtige physiologische Nährstoffe, sie haben zudem eine alimentäre Integrationsfunktion. Sie haben diesen integrativen Effekt eben gerade, *weil* sie versuchen, möglichst demokratisch für eine große

---

[1] Man muss sich nur mal ein paar Minuten bei Twitter nehmen und stößt auf unzählige Aussagen wie „Was gibt es besseres als Nutella mit ein bisschen Brot darunter?" (@remotectrlgirl, 12.07.2017) oder „Dankbarkeit, innigste Dankbarkeit, wenn du nem Kumpel schreiben kannst was du brauchst Pizza & er Dr. Oetker in den Ofen schiebt & vorbeikommt" (@timemixchine, 22.06.2018).

Gruppe von Konsumenten, vielleicht sogar für die Mehrheit, gustatorisch anschlussfähig zu sein.

Unbestritten schmeckt nicht jedem Alles. Muss es auch nicht. Doch die potentiellen Überschneidungen bei den erfolgreichen Massenprodukten sind fraglos groß genug, dass nahezu jeder in der von der industriellen Lebensmittelproduktion geprägten Ernährungskultur der Hochmoderne irgendeine Speise in seinem Genussportfolio hat, die selbst unbekannte, weit entfernte Personen kennen und mögen. Dies führt zu einem kommunikativen Bezugsmoment, den gerade die großen Marken wie Coca-Cola oder McDonalds in besonderem Maße leisten. Dass es dann selbst bei industriellen Produkten zu distinktiver Feinschmeckerei kommt, etwa wenn die einen dann lieber Pepsi oder Afri-Cola trinken und bei Subways oder Pizza-Hut essen, zeigt die kulinarische Binnendifferenzierung selbst auf dem Massenmarkt.

Dass es bei manch einem von Zeit zu Zeit nun sogar zu Heißhungerattacken, Fressanfällen oder zu Suchterscheinungen kommt, lässt den Ernährungskulturwissenschaftler zwar nicht kalt, aber versetzt ihn eigentlich mehr in ein erfreutes Staunen als in einen Modus erschreckten Moralisierens. Denn wo bitte ist das Problem? All diese Dinge kann man geradezu als Auszeichnung für die Genussqualität von Lebensmitteln verstehen. Was sind das für skurrile Ansichten, nach denen gerade die Produkte gut sein sollen, auf die man nach drei Bissen keine Lust mehr hat? Von welchem asketischen Diätwahn ist die Vorstellung geprägt, das drängende Verlangen nach einer süßen, salzigen oder fettigen Köstlichkeit sei etwas Schlimmes? Woher diese Angst, man selbst oder andere könnten zu Schlaraffenlandzombies werden, nur, weil sie sich von Zeit zu Zeit ganz dem, was ihnen ekstatischen Genuss bereitet, hingeben und sich im Prozess des Essens und Trinkens verlieren? Und warum sollte das alles überhaupt allein ein Phänomen der Industriekultur sein? Der jüdische Philosoph Walter Benjamin beschrieb in einem autobiographischen Text einmal, wie er sich in einen Rausch mit von einem Markthändler erworbenen süßen Feigen frisst.

Letztlich bleibt festzustellen, dass der Begriff „Sucht" inflationär verwendet wird. Wenn die Menschen „süchtig" nach Paprikachips von Funny-Frisch oder Dickmann's Schokoküssen sind, so wie sie „süchtig" nach einer geliebten Fernsehserie oder einem neuen Artikel des Novo-Magazins sind, dann ist das eine der Formen des weltlichen Begehrens, die den Menschen erst zum Menschen machen. Wahrlich, da gibt es schlimmere und langweiligere Spielarten menschlicher Existenz.

„The choice of a
new generation" – Fazit

Der überaus achtsame Zeitgeist präsentiert oftmals eine Version, in der die Menschen weniger heroisch, weniger aggressiv, weniger testosterongeladen sein sollen. Kein Klassenkampf, kein Wettbewerb, keine Raufereien, kein sexualisiertes Anmachen. Und schließlich sollen die Menschen dann aber im Gegenzug auch nicht mehr „schwach werden". Schon gar nicht bei einem Magnum-Eis von Langnese an einem heißen Sommertag oder einer Dose Maggi-Ravioli nach einem anstrengenden Arbeitstag. Immer weniger geht es beim Essen um Entspannung oder Genuss. Und wenn Genuss genannt wird, dann handelt es sich nicht um einen unbefangenen oder gar ekstatischen, sondern höchstens noch um einen *kontrollierten Restgenuss*. Kontrolle ausüben und sich selbst-sorgen ist ganz wichtig. Jeder soll sich sorgen sowie seine Gelüste kontrollieren und zwar so, wie man es von Experten gelehrt bekommen und gelernt hat. Dafür bedarf es der emsigen Kampagnentätigkeit von diversen Akteuren, die eine Form der *Metaernährungspolitik* betreiben.

Die ins Feld geführte Gesundheit, um die es den Industriekritikern vermeintlich geht, erscheint indes vorgeschoben. Nichts spricht dagegen, sich auch mit industriellen Lebensmitteln „gesund" zu ernähren, zumal der Speiseplan jederzeit durch handwerkliche oder gar selbst angebaute Produkte ergänzt oder doch sogar dominiert werden kann. Die Entweder-Oder-Entscheidung wird gar nicht von der Industrie ins Feld geführt, sondern von deren Gegnern, die auf Demonstrationen „Wir haben es satt" rufen, während der Großteil der Weltbevölkerung von einem Mahlzeitenmix aus hochmodernen und traditionellen Lebensmitteln profitiert.

Doch Moment! Was heißt hier eigentlich traditionell? Meine eigene Anekdote vom Anfang des Textes ist über 20 Jahre her. McDonald's wurde 1940 gegründet, Coca-Cola im Mai 1885, Justus Liebig entwickelte seinen berühmt gewordenen Fleischextrakt 1840. Songs aus Werbespots wie „Like Ice in the Sunshine" von Langnese kann nahezu jeder aus dem Stehgreif mitsingen und dank der Ferrero-Küsschen-Spots wusste zeitweise jeder, dass „man guten Freunden ein Küsschen gibt ... oder zwei ... oder drei". Vintage-Werbung von Marken wie Campari, Maggi oder Nestlé hängt als kunstvoller Posterdruck in so mancher Wohnung.

De facto gehört die industrielle Produktion von Lebensmitteln zur Tradition globalisierter Ernährungskultur. Viele der von ihr erzählten Geschichten, die zum Beispiel über Werbung kommuniziert werden, integrieren genauso wie der Genuss ihrer Produkte. Diese Integration funktioniert dann nicht nur über räumliche Distanz in der Gegenwart, sondern sogar intergenerational in der Zeitdimension.

Sicherlich, es lässt sich immer etwas kritisieren und verbessern. Und wie gut, dass darauf reagiert wird. Der Anteil des nachhaltig erzeugten Kakaos in den in Deutschland verkauften Süßwaren ist 2018 auf 55 Prozent angestiegen, nachdem er 2011 noch bei drei Prozent lag. Im zähen Ringen mit Gewerkschaften wie der NGG kommt es in Tarifverhandlungen mit der Ernährungswirtschaft zu Abschlüssen, die faire Arbeitsbedingungen schaffen. Für Leute, denen das Essen von Tieren missfällt, werden innovative Methoden entwickelt, etwa die Herstellung von synthetischem Fleisch in In-vitro-Verfahren für die nächste Genussgeneration.

Der Genuss industrieller Lebensmittel gehört zur *Ernährungskultur der Ernährungskulturen* in der globalisierten Weltgesellschaft der Hochmoderne dazu. Systemvertrauen ermöglicht es, Kontrolle abzugeben, einfach zu genießen. Funktionale Differenzierung auch im Feld des Essens und Trinkens darf auch mal heißen, dass sich jemand anderes um die Lebensmittelsicherheit und das Speisenarrangement gekümmert hat. So wie dies in der Gastronomie auch der Fall ist. Dann kann man sich einfach fallen lassen und genießen. Zuhause, auf der Arbeit, in der Schule oder to go.

JO REICHERTZ

Die kleinen Freuden am Automaten

Das Glücksspiel an Spielautomaten wirkt auf viele Menschen beglückend. Es geht dabei weder um Geld noch um Sucht

Weshalb spielen weltweit so viele Menschen, Männer wie Frauen, an Automaten mit geringen Gewinnmöglichkeiten und hohen Verlustwahrscheinlichkeiten? Immer noch. Trotz der vielen Kampagnen, die besagen, dass Spieler schnell vom Spiel süchtig werden und sich und ihre Familie ins Unglück stürzen? Dieser Frage will ich im Weiteren nachgehen.

Erst einmal: In Spielhallen *kann man (kleines) Glück haben, aber man kann dort nicht sein Glück machen*[1]. Auch wenn die verlorenen Beträge im Einzelfall hoch sein können, kann man nicht mit einem Dreh alles gewinnen oder alles verlieren. Nur die Wiederholung, die große Pech-Serie kann einen ruinieren. Aber auch die Erfolgs-Serie und der Jackpot können nicht das finanzielle Glück bringen. Geld ist das Mittel des Spielens an Geldautomaten, nicht das Ziel.

Dieses Wissen, nämlich dass man an Spielautomaten nicht mit einem Dreh sein Lebensglück machen kann, ist ein zentraler (wenn auch nicht der einzige) Unterschied

---

[1] Ausführlich dazu Jo Reichertz et al.: „Jackpot. Erkundungen zur Kultur der Spielhallen", VS Verlag 2009/2012, und ders. et al.: „Erwartungsräume. Spielkultur in großen und kleinen Spielhallen", Odlib 2011.

zwischen Lotto- und Automatenspiel. Bei beiden geht es um (relativ) kleine Einsätze und bei beiden geht es um Wiederholung, aber kein Spieler in der Spielhalle hofft darauf, dass eine einzige glückliche Konstellation ihm Millionen einbringt und das Leben in eine neue Bahn bringt. Lottospieler riskieren wenig, sie verfolgen vielleicht den Lauf der Kugeln im Fernsehen, aber sie bedienen das Gerät nicht: Sie interagieren nicht mit ihm, sie setzen sich nicht mit ihm auseinander und sie sitzen auch nicht fiebernd vor ihm. Deshalb sind die Motive von Lottospielern und Spielhallenbesuchern grundverschieden.

Automatenspiel
als Abenteuer

Geht man ins Feld des Automatenspiels, dann ist schnell erkennbar, dass für das Spielen an Geldspielautomaten die Unterscheidung konstitutiv ist, ob man *mit* Geld spielt oder *um* Geld spielt. Während es im ersten Fall um den Erhalt einer angemessenen Gegenleistung geht, steht im zweiten Fall die Chance auf einen Gewinn im Vordergrund. Wie sehr Spieler um die ungünstige Bilanz des Spielens wissen, zeigt sich auch an deren Einschätzung der langfristigen Erfolge des Spielens an Geldspielgeräten. Obwohl Spieler immer wieder einmal davon sprechen, sie würden ihr Geld investieren, geht niemand von ihnen ernsthaft davon aus, dass man vom Spielen reicher werden oder auch nur sein Leben finanzieren könne, dass also das ins Spielen verausgabte Geld eine, wenn auch riskante, Investition in eine bessere Zukunft sei. Niemand versteht sich hier als Glücksunternehmer in eigener Sache, der statt seiner Arbeitskraft sein Kapital einsetzt, um dieses zu mehren. Spieler in Spielhallen träumen *nicht* den Traum vom schnellen Glück durch sinnvolle Investition. Sie glauben gerade nicht, dass die Spielhalle so ist wie das wirkliche (Arbeits-)Leben. Im Gegenteil: Sie hoffen ganz inständig, dass es in der Spielhalle ganz anders zugeht als im wirklichen Leben.

In diesem Raum wird Geld nicht investiert. In diesem Raum wird *mit* Geld gespielt, nicht *um* Geld. In diesem Raum kauft man sich selber etwas von seiner Lebenszeit ab, um spielen zu können. Man bringt sein Geld sozusagen als Opfer dar, um das, was einem wichtig ist, zumindest hier wichtig ist, zu bewirken: Die Freude daran, zu spielen. An Geldspielgeräten zu spielen ist eine Art Konsum, für den man auch mit echtem Geld zu zahlen hat.

Die zentrale Kompetenz eines guten Spielers ist die Fähigkeit, aus all dem (also der Gewissheit, dass Gewinne und Verluste zufallsverteilt sind und dass auf lange Sicht der Spieler immer nur verlieren kann) seinen Spaß, sein Vergnügen zu ziehen. Der Reiz des Spiels ist also das Spiel selbst oder genauer: Das Wissen um die Gefahr des Spiels. Man kann ihm verfallen, wenn man seine Kontrolle verliert. Aber die Kontrolle zu behalten, macht den Spaß aus – und in diesem Punkt ähneln sich die Erzählungen von leidenschaftlichen Surfern, Skifahrern, Freeclimbern, Autofahrern etc. Einem guten Spieler geht es beim Spiel um den Reiz, sich der Gefahr auszusetzen, aber dem Spiel und der Gefahr dabei nicht zu verfallen, sondern die Nähe der Gefahr zu nutzen, sich selbst daran zu erfreuen. Das Risiko bringt den Reiz und kompetentes Spielen ist dergestalt das kontrollierte Eingehen und Genießen von Risiken. Wenn man so will: ein *Abenteuer mit Rückfahrtschein*, das auch die *Entbanalisierung des eigenen Alltags* zur Folge hat.

Dieses Erlebnis der beglückenden Entbanalisierung des Alltags kann man auch bei anderen Gelegenheiten haben – so bei Konzerten, Festen, bei Demonstrationen und natürlich auch bei Fußballspielen.[2] Da die Menschen bereit sind, für solche Erlebnisse viele Mühen (und manchmal auch Gefahren) auf sich zu nehmen und zudem viel Geld auszugeben, hat sich ein eigener Geschäftsbereich entwickelt (Eventmarketing), der solche Gelegenheiten schafft, anbietet und vermarktet. Dabei ist es egal, ob die Vermarktungsagenturen sich als kommerziell oder als politisch verstehen. Immer wird miteinander darum konkurriert, möglichst stark beglückende Erlebnisse für die Entbanalisierung des Alltags anzubieten – was auch zu einem richtigen Erlebnis- und Identitätstourismus geführt hat.

Der stetige und starke Wunsch vieler Menschen, den Alltag immer wieder bunter zu machen, zu entbanalisieren, lässt sich als eine Leidenschaft verstehen: Man geht leidenschaftlich gerne zum Fußballstadion oder sehnt sich danach, bald wieder dorthin zu gehen. Die Gesellschaft stellt in der Regel institutionelle Angebote (Formate, Dispositive etc.) zur Verfügung, welche das (fast) gefahrlose Ausleben dieser Leidenschaften ermöglichen und einhegen – dennoch aber ein gemäßigtes Risiko mit sich bringen und oft als (eingehegte) Abenteuer, als lustvoll besetzte Grenzerfahrungen erlebbar sind. Allerdings sind diese Abenteuer immer episodenhaft angelegt – sie dauern nur kurze Zeit (ein Wochenende, einen Urlaub lang etc.). Nach dieser emotional intensiven Auszeit gibt es in der Regel für die meisten eine Rückkehr in die sichere Normalität, den banalen Alltag.

---

[2] Siehe hierzu auch Jo Reichertz / Verena Keysers (Hg.): „Emotion. Eskalation. Gewalt.", Juventa 2018.

„Edgework"

Stephen Lyng hat[3] für eine besondere Art des Abenteuers mit Rückfahrtschein den Begriff des „Edgework" geschaffen und damit für eine Soziologie des Abenteuers in modernen Gesellschaften den Grundstein gelegt.[4] In weitgehend durchgeregelten (und damit überraschungsarmen) modernen Gesellschaften wird demnach das freiwillige begrenzte Eingehen von Risiken aller Art (Freeclimbing, Spekulation an Finanzmärkten, Ladendiebstahl, geregelte Schlägereien von Hooligans auf dem Acker, Glücksspiel etc.) nicht nur als verführerischer Thrill, sondern auch als teilweise Rückgewinnung von individueller Freiheit und Selbstbestimmung erlebt und empfunden.[5] Man vertraut dabei auf die eigene Kompetenz, die Gefahr zu meistern. In der selbst gewählten Gefahr bewährt man sich, steigert zudem die eigene Kompetenz und demonstriert allen, dass man bereit und in der Lage ist, gegen die Regeln der Mehrheit zu handeln und sich somit von ihr abzugrenzen. Zudem löst es eine intensive, als positiv erlebte Emotion aus.

Edgework kann so (im Foucault'schen Theoriehorizont) als ein Mittel der „Technologie des Selbst" begriffen werden, die es dem einzelnen Individuum ermöglicht, „mit eigenen Mitteln bestimmte Operationen mit ihrem Körper, mit ihren eigenen Seelen, mit ihrer eigenen Lebensführung zu vollziehen, und zwar so, dass sie sich selber transformieren, sich

---

[3] in Weiterführung von Erving Goffman: „Interaktionsrituale", Suhrkamp 1975.
[4] Stephen Lyng: „Edgework: A Social Psychological Analysis of Voluntary Risk Taking" in: „American Journal of Sociology 95(4), 1990, S. 851–886, und ders. (Hg.): „Edgework: the sociology of risk taking", Routledge 2005.
[5] Jack Katz: „Seductions of Crime",Basic Books 1988, und Charles Smith: „Financial edgework: trading in market currents" in: Stephen Lyng (Hg.), s. Anm. 4, S. 187–200.

selber modifizieren und einen bestimmten Zustand von Vollkommenheit, Glück, Reinheit, übernatürlicher Kraft erlangen"[6]. Edgework eröffnet den Akteuren die Möglichkeit, sich als souveräne und selbst regulierende Subjekte zu erleben und auch auszuformen, die ihre eigenen Herausforderungen suchen (mögen sie noch so klein sein) und sich ihren eigenen Herausforderungen stellen.

Sucht man für Edgework einen personalen (Ideal-)Typus, dann fällt einem eine klassische Figur der europäischen Kulturgeschichte ein: Odysseus.[7] Auch er suchte immer wieder die individuelle Bewährung im Risiko, trachtete danach, Verlockungen zu suchen und zu erleben, ohne ihnen zu verfallen. Damit ist er ein Urahn des Edgework. Gewiss agierte Odysseus auf einer größeren Bühne, auf der auch die alten Götter noch mitspielten, auch war er ein König und ein großer Held, hatte sich in Schlachten bewährt und sich dort einen großen Namen gemacht. Er kämpfte zehn Jahre vor Troja, ersann die List mit dem hölzernen Pferd und wurde dann aber vom erzürnten Meeresgott weitere zehn Jahre über die Meere getrieben. Das Besondere an Odysseus ist jedoch nicht nur seine Fähigkeit, sich mithilfe seines Verstandes auf neue Gegebenheiten einzustellen, sondern auch seine Bereitschaft und sein Wunsch, sich immer wieder auf gefahrvolle Situationen einzulassen, sie sogar aktiv zu suchen. Man kann die (unfreiwillige) Reise des Odysseus dennoch durchaus auch als eine Abenteuersuche, als eine Suche nach gefahrvollen Verlockungen verstehen. Prototypisch für diese Gefahrensuche des Odysseus ist die Konfrontation mit

---

6 Michel Foucault: „Von der Freundschaft als Lebensweise: Michel Foucault im Gespräch", Merve Verlag 1984, S. 35.
7 Vgl. auch Jon Elster: „Ulysses and the Sirens", Cambridge University Press 1979.

den Sirenen. Bewusst sucht er die Gefahr, nämlich die Nähe der Sirenen, will deren verlockendem Gesang zuhören, ohne ihm zu verfallen, weshalb er sich von seinen Gefährten an den Mast des Schiffes binden lässt, während der Mannschaft die Ohren verstopft wurden.

Wechselt man einmal die Bühne, steigt vom Welttheater hinab zu unseren kleinen „Theatern" um die Ecke, zu den vielen Events und Adventure-Touren, dann liegen die Parallelen zwischen Odysseus und den Edgeworkern und damit auch zu den Automatenspielern auf der Hand. Alle werden durch Reize angelockt – verlockt, sich auf das riskante Spiel einzulassen. Und in beiden Fällen kommt echter Genuss nur auf, wenn man sich den Reizen hingibt, ohne ihnen zu verfallen. Beide, Odysseus und Edgeworker wie Automatenspieler, müssen und wollen sich bewähren und sie suchen immer wieder die Herausforderung. Dazu müssen sie einen Einsatz wagen. Sie wissen um die Gefahr und wollen nicht untergehen. Genauer ausgedrückt: Erst dieses Wissen um die ernste Gefahr macht den Unterschied. Für alle geht es um Bewährung.

Jede Art von Glücksspiel in Casinos oder Spielhallen, also das leidenschaftliche Spiel, das immer wieder mit dem Ernstfall (= Verlusten) rechnet, ist in diesem Sinne Edgework, das aber den ultimativen Ernstfall, nämlich die Zahlungsunfähigkeit, nicht anstrebt, sondern verhindern will.[8] Aber das Spielen in Spielhallen pflegt eine besondere Art des Edgework und spricht deshalb nur bestimmte Menschen in besonderer Weise an. In der Spielhalle gibt es nicht den einen, den großen, den entscheidenden Kampf, der alles zum Guten wenden kann – den Kampf, den alle beobachten und über

---

[8] Reichertz et al. 2009/2012, s. Anm. 1.

den die Medien berichten und der sich in die Erinnerung der Gemeinschaft einschreibt. In der Spielhalle gibt es keine Triumphbögen und keine Siegesparaden, kein öffentliches Glück, keine Medienresonanz und auch keinen gesellschaftlichen Aufstieg, und: Es gibt kein Ende. Das Besondere in der Spielhalle ist die Wiederkehr des Aufstehen-Müssens, des Sich-nicht-unterkriegen-Lassens. Das Besondere in der Spielhalle ist, dass es nicht das *Spiel der Gewinner* ist, des einmaligen großen Kampfes, sondern des alltäglichen kleinen, nie endenden Kampfes, der von Niederlagen gekennzeichnet ist, und bei dem es gilt, sich am Ende nicht unterkriegen zu lassen. Das Spielen in der Spielhalle ist mehr das Spiel der Nicht-so-Reichen, also derer, die sich Freeclimbing weder körperlich noch finanziell leisten können.

Pathologisierung und Medikalisierung

In der Spielhalle wird mit teils großer Leidenschaft und teils großer Bereitschaft zu Leiden gespielt – und das immer wieder. Letzteres hat wohl dazu geführt, dass sich in den letzten Jahrzehnten für die Leidenschaft, an Glücksspielautomaten zu spielen, der somatisierende Begriff der Sucht etabliert hat. Auf diese Weise wird versucht, die Leidenschaft, sich immer wieder auf gefahrvolle Situationen einzulassen, in einem medizinischen und naturwissenschaftlichen Diskurs neu zu codieren, und die Verlockung des Abenteuers (egal wie klein es ausfällt und auf welch kleiner Bühne es aufgeführt wird) als Sucht zu fassen oder als pathologisches, krankes Tun einzelner Menschen. Die Somatisierung der Sucht ist somit auch Ausdruck und Beleg der Medikalisierung des Westens, also des von Medizinern betriebenen Prozesses, der immer mehr Lebensäußerungen des Menschen zum Zuständigkeitsbereich der Medizin erklärt und dann diese Lebensäußerungen als Krankheit oder Störung begreift, die nicht nur medizinisch/therapeutisch behandelbar sind, sondern auch von Medizinern/Therapeuten mittels Therapien oder Medikamenten behandelt werden sollten/müssen. Der Medizinsoziologe Robert E. Bartholomew hat diesen Prozess der Pathologisierung früher als normal angesehener Erscheinungen den „Western Medical Imperialism"[9] genannt – nicht nur, weil er paternalistisch andere entmündigt und sie (mit den besten Absichten) ihrer Verantwortung beraubt, indem er sie zu Kranken erklärt, sondern auch, weil die Medikalisierung den medizinischen/therapeutischen Markt maßgeblich erweitert hat.

Es wäre gewiss interessant, einmal gedankenexperimentell durchzuspielen, was passieren würde, wenn man den kollektiven und über lange Zeit konstanten, also seriellen Besuch von Fußballspielen oder das serielle Freeclimbing, Snowboarden, Bergsteigen etc. ebenfalls somatisieren würde, sie also auch als „Sucht" bezeichnen und mit Hinblick auf die schwerwiegenden körperlichen Gefahren für Leib und Seele, aber auch mit Hinblick auf die Gefahren für Familie und Gesellschaft entsprechende Therapieprogramme und Krankenhäuser einrichten würde, mit deren Hilfe diese Sucht geheilt werden könnte. Natürlich auf Kosten der Krankenkassen. Dass hier der Medikalisierungsprozess (noch) Halt macht, hat sicherlich auch damit zu tun, dass die gut gebildete Mittelschicht schon immer gerne die weniger Gebildeten

---

9   Robert E. Bartholomew: „Exotic deviance. Medicalizing cultural idioms from strangeness to illness", University Press of Colorado 2000, S. 1.

zum Objekt ihrer gut gemeinten moralischen Unternehmungen macht.[10]

Mit der Somatisierung der Leidenschaft, sich im Risiko zu bewähren, als Sucht hat man zwar erklärt, weshalb Menschen etwas tun, was ökonomisch widersinnig ist (sie sind krank oder werden von einer Sucht getrieben), aber man wird dem Tun der Spieler nicht gerecht. „Sucht" ist nicht die Antwort auf die Frage nach den Gründen für das Spielen an Geldspielautomaten, sondern „Sucht" ist der aktuelle gesellschaftlich dem Geschehen in Spielhallen auferlegte Diskurs der Medikalisierung, der die Freiheit des Einzelnen, auf eigene Verantwortung Riskantes zu tun, dadurch beschneidet, dass Ärzte und Therapeuten fürsorglich die Süchtigen von ihrer Krankheit befreien.[11] Der Suchtdiskurs bietet ein Muster an, mit dem sich erklären lässt, warum in Spielhallen gespielt wird. Dieses Muster ist zeitgemäß, da es eine ungewöhnliche Art des Verfallenseins auf körperliche Prozesse (im Gehirn) bindet, diese als krank und störend labelt und sie damit aus dem Willens- und Freiheitsbereich der Akteure auslagert. Der medikalisierte Diskurs zur Sucht macht jedoch nicht etwas klar, sondern verschüttet eher das zugrunde liegende Problem. In Spielhallen geht es nämlich weder um das Gewinnen von Geld noch geht es um Sucht. Aber um was geht es stattdessen?

Das Automatenspiel kann m.E. als ein Mittel der Nicht-so-Reichen begriffen werden, das es den Individuen ermöglicht, mit ihrer eigenen Lebensführung sich selbst zu transformieren, um so einen bestimmten Zustand von Glück zu

10 Howard Becker: „Outsiders: Studies in the Sociology of Deviance", Free Press 1963.
11 Siehe auch Jon Elster (Hg.): „Addiction. Entries and Exits", Russell Sage Foundation 1999.

erlangen. Denn das Spielen wird meist als (Rück-)Gewinnung von individueller Freiheit und Selbstbestimmung erlebt. Ohne Zweifel ist das Automatenspiel eine Art riskanter Wettkampf, eine Herausforderung, die einen fordert. Die Automatenspieler suchen dabei immer wieder die individuelle Bewährung im Risiko, trachten danach, Verlockungen als Verlockung zu erleben, und echter Genuss kommt nur auf, wenn sie sich den Reizen hingeben, ohne ihnen zu verfallen. Davon wollen sie sich auch nicht von gut gemeinten, dennoch paternalistischen Ermahnungen, im Interesse von Familie und Gesellschaft von dem gefahrvollen, weil suchterzeugenden Tun abzulassen, abhalten lassen. Sie wollen sich bewähren und sie suchen immer wieder die Herausforderung. Sie wollen nicht untergehen, obwohl sie um die Gefahr wissen. Aber erst dieses Wissen macht den Unterschied: Es macht aus einem Kinderspiel einen Wettkampf. Es gilt, sich immer wieder zu bewähren und sich dabei zu spüren. Und wenn man einmal verliert, dann besteht die eigene Größe darin, wieder aufzustehen und weiter zu spielen – immer wieder. Oder wie Udo Lindenberg es auf den Punkt bringt: „Mann, ich hab mich selber fast verlor'n; Doch so'n Hero stürzt ab, steht auf und startet von vorn."

THILO SPAHL

Der Supermarkt als toxic food environment

Über Diabetes, Kinder und die Vergiftungsphantasien der Hüter der Volksgesundheit

Oh sugar, pour a little sugar on it honey
Pour a little sugar on it baby
I'm gonna make your life so sweet, yeah yeah yeah
Pour a little sugar on it oh yeah
Pour a little sugar on it honey
Pour a little sugar on it baby
I'm gonna make your life so sweet, yeah yeah yeah
Pour a little sugar on it honey
Ah sugar, ah honey honey
You are my candy girl
And you've got me wanting you
(The Archies, 1969)

Als die Archies mit „Sugar Sugar" die Nummer eins in den Charts waren, verbrauchten die Deutschen etwa 34 Kilo Zucker pro Kopf und Jahr. Heute ist es ungefähr genauso viel. Damals waren die Menschen arglos und dachten sich nichts dabei. Heute geht es den meisten genauso. Doch eine wachsende Zahl zeigt sich besorgt ob der gesundheitlichen Folgen einer zu zuckrigen Ernährung. Und manche steigern ihre Sorge zur Empörung und ziehen in den Kampf gegen den sorglosen Genuss ihrer Mitmenschen. Und vor allem gegen die menschenverachtenden Dealer, die sie mit Stoff versorgen. „Kinder, die schon im Grundschulalter unbeweglich sind, die nicht spielen oder rennen können, die gehänselt werden, die an Diabetes leiden und in jungen Jahren schon süchtig sind – süchtig nach Zucker. Das ist in Deutschland längst keine Seltenheit mehr", weiß man beim Stern.[1] „Die Bundesregierung darf nicht länger tatenlos zusehen, wie ein Unternehmen auf Kosten der Kindergesundheit Profite macht", teilt uns der Verein Foodwatch mit. „Ein starker Konsum zuckerhaltiger Getränke" fördere „nachweislich die Entstehung zahlreicher Krankheiten, dazu gehören Fettleibigkeit (Adipositas), Typ-2-Diabetes und Karies." Die Firma Coca-Cola sei mitverantwortlich für die „Epidemie an Diabetes und Fettleibigkeit."[2]

Die Firma Coca-Cola sollte das nicht persönlich nehmen. Sie ist von den Vor-Lebensmitteln-Schützern nur aus Marketinggründen gewählt. „Coca-Cola-Report"[3] klingt viel sexier als „Mitteldeutsche-Erfrischungsgetränke-Report" oder „Hansa-Heemann-Report". Um dem Bösen einen Namen zu geben, wählt man natürlich lieber die Nummer eins als die Nummer zwei oder drei im Markt. Und wenn man dann noch den Marlboro-Mann mit einer Colaflasche in der Hand auf den Titel setzt, ist die Botschaft perfekt: Ein US-Gigant bedroht mal wieder die deutsche Volksgesundheit und verführt unsere Kinder. Gleichzeitig wird suggeriert, Zucker spiele, was die Gesundheitsschädlichkeit anbetrifft, in der gleichen Liga wie Tabak.

---

[1] „Süßes Gift: Warum Zucker Deutschlands größtes Suchtproblem ist", Stern TV online, 11.05.2018.
[2] Foodwatch Deutschland: „Die Machenschaften von Coca-Cola", Youtube-Kanal, 05.04.2018.
[3] Martin Rücker (Hg.): „Der Coca-Cola-Report", Foodwatch 2018.

Zucker
und Diabetes

Was ist dran an der Behauptung, Zucker führe zu Typ-2-Diabetes und bedrohe vor allem unsere Kinder? Nicht viel. Schaut man den „Diabetes-Risiko-Test"[4] an, der vom Deutschen Institut für Ernährungsforschung (DIfE) erarbeitet wurde und mit dem jeder durch das Beantworten von zehn Fragen sein Risiko ermitteln kann, so wird sehr deutlich, dass man hier dem Zucker keine Bedeutung beimisst. Das größte Risiko hat, wer die meisten Punkte sammelt. Für das Ausmaß des Taillenumfangs sind bis zu 40 Punkte drin, für das Alter bis zu 25 (die man erhält, wenn man über 75 Jahre alt ist). Viel Rauchen und viel Fleisch bringen jeweils maximal acht Punkte, eine Körpergröße unter 1,52 Meter elf Punkte, die familiäre Belastung (also die Gene) bis zu 17, geringer Vollkornverzehr bis zu fünf, Bluthochdruck fünf, geringer Kaffeekonsum drei und wenig Bewegung (erstaunlicherweise) nur einen. Zucker kommt überhaupt nicht vor, Fett und Salz ebenso wenig.

Das entspricht dem Stand der Ernährungsforschung. Ein direkter Einfluss des Verzehrs von Zucker auf das Diabetesrisiko ist bisher nicht belegt. Ein indirekter – durch Gewichtszunahme – ist umstritten. „Es existieren bislang keine Interventionsstudien zur Wirkung der zuckerhaltigen Getränke auf den Endpunkt Typ-2-Diabetes; derartige Studien wären überaus aufwendig. Zum Beleg der Kausalität kann jedoch die vielfach gesicherte Wirkung einer Gewichtserhöhung auf das Diabetesrisiko herangezogen werden", schreibt Hans-Georg Joost, der bis 2014 Wissenschaftlicher Vorstand

[4] „Deutscher Diabetes Risiko-Test", Deutsches Institut für Ernährungsberatung 2014.

des DIfE war, im Deutschen Gesundheitsbericht Diabetes 2018.[5] Das ist eine geschickte Formulierung, weil ein Zwischenschritt ausgelassen ist, nämlich der Nachweis, dass der Konsum zuckerhaltiger Getränke direkt zu Gewichtszunahme führt. Das ist nicht ohne weiteres der Fall. Und das würde auch kein Wissenschaftler behaupten. Die Argumentation ist vielmehr so: Zuckerhaltige Getränke wirken nicht besonders sättigend. Und daher neigen Leute, die gerne Softdrinks trinken, dazu, mehr Kalorien aufzunehmen, als sie verbrauchen. Es ist also erstens nicht der Zucker, sondern es sind überschüssige Kalorien, die, als Fett eingelagert, das Körpergewicht erhöhen. Und der Effekt zeigt sich zweitens nicht generell beim Verzehr von Zucker, sondern nur bei zuckergesüßten Getränken. Und auch hier ist er noch mit einem Fragezeichen versehen.

Die Deutsche Gesellschaft für Ernährung (DGE) hat für die Leitlinie „Kohlenhydratzufuhr und Prävention ausgewählter ernährungsmitbedingter Krankheiten" rund 400 Studien ausgewertet. Herausgekommen ist, dass es keinen Zusammenhang zwischen Zuckerzufuhr und Adipositas gibt, während für zuckergesüßte Getränke eine Risikoreduktion bei Erwachsenen wahrscheinlich und bei Kindern möglich sei. Im Kommentar der DGE zur Leitlinie heißt es: „Bezogen auf die Adipositasprävention lassen weder die DGE-Leitlinie noch die den Aussagen in der WHO-Guideline zugrunde liegende Meta-Analyse von Te Morenga et al. (2013) den Schluss

5 Hans-Georg Joost / Stefanie Gerlach: „Zuckerkonsum, Übergewicht, Typ-2-Diabetes: Die Beweise für eine kausale Beziehung sind erdrückend!" in: Deutsche Diabetes Gesellschaft / Deutsche Diabetes-Hilfe (Hg.): „Deutscher Gesundheitsbericht Diabetes 2018", S. 64–70.

zu, dass Zucker damit in einem kausalen Zusammenhang steht […].“[6]

Also: Für das Diabetesrisiko ist der dicke Bauch entscheidend. Mit welcher Ernährung man sich diesen zulegt, ist egal. Und neben der Ernährung gibt es noch eine Menge weiterer Faktoren, die von Mensch zu Mensch erheblich variieren können. Dazu zählen genetische Veranlagung, Stress, hormonelle Störungen, psychische Erkrankungen, Medikamente, Infektionskrankheiten, Veränderung der Darmflora, zu wenig Schlaf, beheizte Wohnungen, Heirat und Scheidung.[7] Und wahrscheinlich noch viel mehr. Zucker im Essen korreliert nicht mit Übergewicht, Zucker im Trinken vielleicht ein bisschen. Er ist auf jeden Fall nur ein kleiner Risikofaktor in einer langen Liste. Bei Getränken ist das Spektrum der Energiedichte recht breit. Es reicht von null Kilokalorien bei Wasser und einer bei Cola Light über 25 bei Apfelschorle, 37 bei Coca-Cola, 46 bei Haferdrink, 52 bei Weizenbier bis zu 400 bei Kakao, jeweils für 100 ml angegeben. Ein halber Liter Kakao oder fünf Liter Cola decken also mitunter den täglichen Kalorienbedarf eines Teenagers. Süße Getränke nicht literweise zu trinken, lässt mehr Spielraum für andere

---

[6] „Kommentare der Deutschen Gesellschaft für Ernährung zu, Guideline: Sugars intake for adults and children (WHO, Draft guidelines on free sugars released for public consultation, 5 March 2014)'", Deutsche Gesellschaft für Ernährung, 31.03.2014. Mit Bezug auf die umfassende Auswertung von 68 Studien zum Zusammenhang von Zuckerkonsum und Körpergewicht: Lisa Te Morenga et al.: „Dietary sugars and body weight: systematic review and meta-analyses of randomised controlled trials and cohort studies." in: BMJ online, 15.01.2012.

[7] Ein Mann, der vor dem Zusammenziehen leicht übergewichtig ist, nimmt im Durchschnitt etwa 7,5 Kilogramm zu, nachdem er je mindestens vier Jahren ohne Trauschein zusammengelebt hat, verheiratet, getrennt und geschieden war. Siehe Kenneth E. Freedland (Hg.): „How cohabitation, marriage, separation, and divorce influence BMI: A prospective panel study." in: Health Psychology 10/2018, S. 948–958.

Nahrungsmittel. Das sollte sich jeder bewusst machen, und damit kann man es dann auch bewenden lassen.

Die dicken Kinder von Deutschland

Warum werden die Kinder immer dicker? Die einen sagen, der Zucker ist schuld. Die anderen sagen, die mangelnde Bewegung ist schuld. Es gibt aber noch eine dritte Antwort. Die Kinder werden gar nicht dicker. Das ist das Ergebnis der Langzeitstudie des Robert Koch-Instituts zur gesundheitlichen Lage der Kinder und Jugendlichen in Deutschland (KiGGS). Es gibt in Deutschland seit mindestens zehn Jahren keine Zunahme von Übergewicht bei Kindern. 15,4 Prozent der 3 bis 17-Jährigen sind per Definition übergewichtig. 5,9 Prozent davon werden als adipös eingestuft (mit anderen Worten: 94,1 Prozent sind nicht fettleibig). Vor zehn Jahren waren es 15 Prozent, davon 6,3 Prozent adipös.

KiGGS lieferte noch andere Ergebnisse, die hier nicht unerwähnt bleiben sollten. Die Kinder trinken überhaupt nicht massenhaft und schon gar nicht immer mehr süße Getränke. Vielmehr gibt es einen deutlichen Rückgang bei süßen Getränken. Insgesamt trinken 16,9 Prozent der Mädchen und 22,2 Prozent der Jungen ein- oder mehrmals täglich zuckerhaltige Erfrischungsgetränke. Vor zehn Jahren waren es noch 28,2 Prozent beziehungsweise 34 Prozent. Im Vergleich zur KiGGS-Basiserhebung sind die Mittelwerte des täglichen Konsums dieser Getränke um etwa ein Viertel gesunken. Und sie essen auch nicht immer mehr Süßwaren, sondern je nach Geschlecht und Altersgruppe zwischen 20 und 30 Prozent weniger. Und dann trinken die Kinder auch noch Wasser, je nach Alter und Geschlecht 50 bis 90 Prozent mehr als vor zehn Jahren.[8]

Wenn das Ziel der Anti-Zucker-Kampagnen ein deutlicher Rückgang des Konsums bei Kindern ist, dann kommen diese zu spät. Denn der hat schon stattgefunden. Wenn er dazu führen soll, dass die Zahl der übergewichtigen Kinder abnehmen sollen, muss man aufgrund dieser Ergebnisse sagen: Es hat nicht funktioniert. Es sind immer noch genauso viele. Insofern stützt KiGGS offensichtlich eher die Bewegungshypothese. Hier zeigt sich nämlich kein positiver Trend. Die Anzahl der Kinder, die an weniger als zwei Tagen pro Woche mindestens 60 Minuten körperlich aktiv sind, hat in den letzten fünf Jahren bei den Jungs von 4,6 auf 7 Prozent und bei den Mädchen von 8 auf 11,1 Prozent zugenommen. Lediglich jedes fünfte Mädchen und jeder dritte Junge erreichen die Bewegungsempfehlung der WHO, sich täglich mindestens eine Stunde zu bewegen.[9]

Arm und reich

KiGGs zeigt auch, dass bei Adipositas der entscheidende Faktor ist, wie reich die Eltern sind. Kinder aus armen Familien sind mehr als viermal so oft übergewichtig beziehungsweise fettleibig wie Kinder aus wohlhabenden Familien. Das dürfte schlicht daran liegen, dass in besseren Kreisen Dicksein als halbe Katastrophe gilt, während ärmere Menschen andere Probleme beziehungsweise eine ausgeprägtere Toleranz gegenüber lebensstilassoziierter Körperformenvielfalt und

8 Susanne Krug et al.: „Sport- und Ernährungsverhalten bei Kindern und Jugendlichen in Deutschland – Querschnittergebnisse aus KiGGS Welle 2 und Trends" in: Journal of Health Monitoring 2/2018, S. 3–22.

9 Jonas David Finger: „KiGGS-Symposium Körperliche Aktivität", Vortrag 15.03.2018.

damit einhergehend ein ungezwungeneres Verhältnis zu Ernährung haben. Bei Reichen steigt das Ansehen eines Restaurants damit, wie klein die Portionen sind, bei Armen ist es genau umgekehrt.

Da trifft es sich doch gut, dass eine Zuckersteuer den Reichen herzlich egal sein dürfte, die armen Essenssünder aber durchaus treffen würde. Ernährungslenkungsexperten der WHO schreiben: „Verletzliche Bevölkerungsgruppen, wozu solche mit niedrigem Einkommen, junge Menschen und solche mit dem größten Risiko für Adipositas zählen, reagieren am stärksten auf relative Preisänderungen bei Lebensmitteln und Getränken."[10] Aus ihrer Sicht „profitieren" damit die am meisten von der Steuer, die sie am härtesten trifft.

Vielleicht lässt sich ja das Durchschnittsgewicht beim ärmeren Teil der Bevölkerung durch saftige Zuckersteuern um 500 Gramm senken. Aber zu welchem Preis! Für die Regulierungsfreunde hört sich alles ganz logisch an. Was könnte jemand dagegen haben, dass sie sich für die Verbesserung der Volksgesundheit einsetzen? Was sollte falsch daran sein, arme Kinder vor der Verfettung zu retten? Die Antwort lautet: Schlecht daran ist, dass das Volk sie nicht darum gebeten hat und dass die Kinder und deren Eltern sie nicht gerufen haben. Niemand hat gesagt: „Bitte, bitte, macht doch die Cola teurer, damit wir nicht mehr so viel davon trinken! Bitte, bitte, verbannt die Werbung, damit sie uns nicht verführen kann!"

---

10 „Fiscal policies for diet and prevention of noncommunicable diseases: technical meeting report", Weltgesundheitsorganisation 2016.

Die
Volksgesundheit

Ernährungsregulierer haben ein Problem. Sie lehnen das Prinzip der Eigenverantwortung ab und setzen stattdessen auf so genannte „bevölkerungsweite Verhältnis-Prävention". Foodwatch erklärt das Konzept so: „Verhältnisprävention meint in diesem Fall Maßnahmen, die darauf abzielen, die Lebensverhältnisse derart zu gestalten, dass eine gesunde Lebensweise erleichtert wird, beispielsweise durch eine Änderung des Lebensmittelangebots, der Kennzeichnung oder des Marketings."[11] Aufklärung reiche nicht, denn die Leute seien Opfer ihrer Verhältnisse. Sie leben in einer „adipogenen" Welt (zu Deutsch ungefähr: „verfettungsfördernden"), in einem „toxic food environment". „Einkaufen in einem durchschnittlichen Supermarkt heute? Das ist Einkaufen in einem giftigen Nahrungsmittelumfeld; und die Chance, etwas Ungesundes zu konsumieren, ist viel höher als das Gegenteil", urteilen einige besonders eifrige Mediziner und fordern u.a. eine „Haftung der Nahrungsmittelindustrie für unerwünschte gesundheitliche Nebenwirkungen ihrer Nahrungsmittelprodukte."[12] (Tatsächlich verklagte im Jahr 2001 ein an Diabetes erkrankter Richter die Firmen Masterfoods und Coca Cola, weil er täglich zwei Riegel Mars oder Snickers gegessen und einen Liter Cola getrunken hatte, scheiterte damit aber in zweiter Instanz vor dem Oberlandesgericht Düsseldorf, das zurecht darauf verwies, dass die individuelle Nahrungszusammenstellung

---

[11] Foodwatch: „Sieben Mythen zum Thema Zucker und Übergewicht", 31.08.2017.
[12] Peter E. H. Schwarz et al.: „Prävention des Typ-2-Diabetes: Herausforderungen, Visionen und Modellprojekte" in: „Deutscher Gesundheitsbericht Diabetes 2018", siehe Anm. 6.

„grundsätzlich der Eigenverantwortung des Konsumenten überlassen" sei.)[13]

Die Eigenverantwortung und mit ihr verbunden das Recht auf einen ‚ungesunden', dafür aber mitunter genussreicheren Lebensstil, in welcher Hinsicht auch immer, ist Foodwatch ein Dorn im Auge. Eigenverantwortung ist aber der Kern einer freien Gesellschaft, in der nicht eine kleine Gruppe Berufener sich anmaßt, das Verhalten der Bevölkerung in die gewünschten Bahnen zu lenken. Eigenverantwortung verlangt die bewusste Entscheidung jedes Einzelnen, was er für sich (und gegebenenfalls seine Kinder) will. Es ist ein Anspruch und ein Ideal, das man in keinem Bereich des gesellschaftlichen Lebens preisgeben darf.

Weil es den meisten Erwachsenen sauer aufstößt, wenn irgendwelche Heinis aus ihren Kampagnenbüros heraus ihnen erklären, was sie essen dürfen und was nicht, werden gerne die Kinder vorgeschoben, die unschuldigen, die tatsächlich noch unmündigen. Aber die haben Eltern. Und denen die Fähigkeit abzusprechen, eigene Entscheidungen zu treffen, ist ebenso problematisch. Und es ist irreführend, in Zusammenhang mit Kindern von irgendwelchen Epidemien zu sprechen. Die gibt es weder bei Adipositas, noch bei Diabetes und schon gar nicht bei Karies.

Typ-2-Diabetes ist in Deutschland mit einer Prävalenz von 0,03 Prozent bei Jungen und 0,04 Prozent bei Mädchen bis zum 19. Lebensjahr extrem selten.[14] Und den wenigen Betroffenen, die wirklich ernsthafte Probleme haben, ist mit einer Zuckersteuer oder Werbeverboten garantiert nicht zu

13 „Zuckerkranker Richter scheitert mit Klage", Welt online, 21.12.2002.
14 Esther Jacobs / Wolfgang Rathmann: „Epidemiologie des Diabetes in Deutschland" in: „Deutscher Gesundheitsbericht Diabetes 20182, siehe Anm. 6.

helfen. Die große Bevölkerungsgruppe, die durch bewusste Ernährung und Sport ihr Diabetesrisiko deutlich senken kann, sind die über 60-Jährigen, und nicht die unter 20-Jährigen. Bei Rentnern ist Diabetes um den Faktor 800 häufiger als bei Jugendlichen. Und sie sind definitiv alt genug, sich selbst darum zu kümmern. Oft reicht dafür schon, ein paar Kilo abzunehmen und regelmäßig spazieren zu gehen. Wenn man es möchte. Im Übrigen kann man im Alter mit moderatem Übergewicht und einem gut kontrollierten Diabetes problemlos leben. Die Lebenserwartung ist nicht reduziert.[15] Eine britische Studie zeigte sogar, dass mit dem Medikament Metformin behandelte Diabetiker eine längere Überlebenszeit hatten als Menschen ohne Diabetes.[16]

Unsichtbare Gefahr?

Die zweite Strategie, um mit dem Mündigkeitsproblem umzugehen, ist die Rede vom „versteckten Zucker". Die Argumentation geht so: Die Menschen wollen sich gesund ernähren, aber es ist einfach nicht zu schaffen, weil ja überall der „versteckte Zucker" lauere, den ein Normalsterblicher nicht erkennen könne. Der führe dann sozusagen zu einer schleichenden Vergiftung, weil den Leuten gar nicht bewusst sei, welche Mengen sie davon zu sich nehmen. Das erinnert an die Kontaminationsrhetorik anderer alarmistischer Diskurse,

15 Aidin Rawshani et al.: „Risk Factors, Mortality, and Cardiovascular Outcomes in Patients with Type 2 Diabetes" The New England Jorunal of Medicine 379/2018, S. 633–44.
16 C. A. Bannister et al.: „Can people with type 2 diabetes live longer than those without? A comparison of mortality in people initiated with metformin or sulphonylurea monotherapy and matched, non-diabetic controls" in: Diabetes Obesity Metabolism 16/2014, S. 1165-1173.

etwa bei Gentechnik oder Pflanzenschutzmitteln, und ist kompletter Unsinn. Diabetes holt man sich nicht, weil man beim Einkaufen im Supermarkt manchmal nicht aufpasst, was man in den Wagen lädt. Das Diabetesrisiko steigt in der zweiten Lebenshälfte allmählich an und korreliert dabei insbesondere mit zwei Dingen, die man recht gut im Blick behalten kann: dem Umfang des Bauches und dem Mangel an Bewegung.

Die Realität ist: Es gibt ein paar Leute, die davon profitieren würden, weniger Zucker zu essen oder zu trinken. Die Botschaft der „bevölkerungsweiten Verhältnis-Prävention" lautet dagegen: Zucker ist Gift und wir sind alle bedroht. Das stimmt nicht und es stimmt insbesondere auch nicht für Kinder, die bekanntlich besonders große Freude an Süßigkeiten haben. 85 Prozent der Kinder und Jugendlichen sind nicht dick. Von den 15 Prozent, die laut Definition als übergewichtig gelten, könnten vielleicht einige davon profitieren, dass sie etwas weniger süße Getränke trinken. Sagen wir ein Viertel. Von denen würde wiederum vielleicht ein Viertel wegen Steuern und Werbeverboten tatsächlich etwas weniger konsumieren. Dann sind wir bei knapp einem Prozent. Das ist ungefähr so, wie wenn man 100 Leute zum Schwimmkurs verpflichtet, weil einer davon nicht schwimmen kann. Und es vielleicht auch gar nicht lernen will oder kann.

Für die breite Masse der Bevölkerung ist Zucker kein großes Thema. Sie interessiert sich nicht besonders für die Kampagnen von Foodwatch and Friends, liest bisweilen im Stern oder Bild der Frau, wieviel Zuckerwürfel die Wächter wieder in dem einen oder anderen Produkt entdeckt haben, sagt sich, dass gesunde Ernährung schon ganz wichtig ist und kauft sich gelegentlich ein Light-Produkt. Es gibt nur sehr, sehr wenige verbiesterte oder verunsicherte Damen und Herren, die die ganze Zeit mit dem Zuckerwürfelrechner im Kopf herumlaufen. Und es gibt auf der anderen Seite ein paar Bewohner kleiner Parallelwelten, an denen das alles komplett vorbeigeht. Das scheint mir eigentlich eine ganz gesunde Verteilung. Sollte man wirklich versuchen, daran etwas zu ändern? Mehr Fanatiker würden sich eher ungünstig aufs gesellschaftliche Klima auswirken. Und das Ausleuchten der letzten unberührten Winkel mit hellen Zuckerwürfelsuchscheinwerfern hätte irgendwie etwas Totalitäres, oder?

Die reine Lehre

In den Medien herrscht die Devise „Es kann nie schaden, Sprachrohr der Guten zu sein, wenn sie einem regelmäßig kostenlos Texte ins Haus liefern, die mit Gesundheit, Ernährung, Kindern und Konzernen zu tun haben. Irgendein kleiner Redaktionshelfer darf die Pressemitteilungen von Foodwatch auf die richtige Zeichenzahl bringen und dann werden sie eben abgedruckt mit originellen Überschriften wie „Foodwatch gibt Coca-Cola Mitschuld an Diabetes und Fettleibigkeit" (Zeit online), „Foodwatch: Coca-Cola mitschuld [sic!] an Adipositas und Diabetes" (Berliner Morgenpost), „Diabetes und Fettleibigkeit – Foodwatch nimmt Coca-Cola in die Pflicht" (ZDF online) usw. usf.

Aber Vorsicht! Wer ob der monotonen Wiederholungen zu schnell abschaltet, kann auch mal etwas verpassen, zum Beispiel die Überschrift „Foodwatch zu Risiken von Cola Zero. Süßstoff kann zu Diabetes führen" in der taz[17], die Anlass gibt, „Hoppla" zu sagen. Wie passt das denn zusammen? Da

---

[17] „Süßstoff kann zu Diabetes führen", taz online, 07.04.2018.

wird in den Kampf für eine Zuckersteuer gezogen, die letztlich dazu führen würde, dass Zucker in den süßen Getränken durch Süßstoff ersetzt wird, und der Herr von Foodwatch gibt im Interview zu, dass das seiner Meinung nach auch nicht besser wäre. Des Rätsels Lösung: Foodwatch orientiert sich nicht an den erwartbaren Folgen der eigenen Kampagnen, sondern an der reinen Lehre, die da lautet: Süß ist böse. Das eigentliche Ziel ist nicht, den Konsum von Zucker zu verringern, sondern den Menschen die Lust auf Süßes auszutreiben. Nach der Zuckersteuer kann konsequenterweise daher nur eines folgen: die Süßstoffsteuer. „Wir sollten in Deutschland auch die Süßstoffe mit einbeziehen in diese Steuer, damit hier nicht auf andere, süßende Zutaten ausgewichen wird", sagt Foodwatch Chef Martin Rücker.[18]

Ignoriert wird zudem, dass Werbeverbote eher zu einem höheren Zuckerkonsum führen würden. Werbung in einem gesättigten Markt zielt nicht darauf, den Konsum insgesamt zu steigern, sondern Marktanteile von hochpreisigen Produkten zu verteidigen. Wenn die Forderung ist, zuckerhaltige Getränke müssten teurer gemacht werden, dann sollte Coca-Cola von Foodwatch einen Orden bekommen. Bei Aldi kostet die schicke kleine Flasche Coca-Cola, die der Foodwatch-Marlboro-Mann in der Hand hält, im Sechserpack 2,89 Euro, was einem Literpreis von 1,46 Euro entspricht, die weniger verführerische TOPSTAR Cola jedoch nur 26 Cent pro Liter. Das entspricht einer Steuer von 460 Prozent, die sich Coca-Cola sozusagen selbst auferlegt hat. Coca-Cola ist deutlich teurer als No-Name-Limos. Mars und Snickers sind deutlich teurer als ihre Nachahmerprodukte im Discounter.

18 F.A.Z.: „Kritik an Coca-Cola: Foodwatch fordert Zuckersteuer", Youtube-Kanal, 04.04.2018.

Deshalb werden sie in kleineren Mengen gekauft. Wenn die Kinder nicht mehr die Markenprodukte fordern, können Eltern für das gleiche Geld sehr viel mehr Cola und Süßigkeiten kaufen. Wenn den Leuten wegen einer Steuer Markenprodukte zu teuer werden, weichen sie auf No-Name-Produkte aus.

MARC LEWIS UND SHAUN SHELLY

Ecstasy und Opioide statt Prozac und Xanax

**Die aktuelle Drogenpolitik ist widersinnig:
Kaum wirksame Substanzen mit vielen
Nebenwirkungen werden massenhaft als
Medizin verschrieben. Nutzbringendere
Substanzen werden kriminalisiert**

Was können Ärzte tun, um seelisches Leid zu lindern? Die
Ärzte der Antike und des Mittelalters entdeckten viele
Pflanzen und deren Wirksubstanzen (sprich Medikamente)
und wendeten sie bereits zur Behandlung sowohl psychischer als auch körperlicher Beschwerden an. Dabei haben
sie selten eine Grenze zwischen dem psychologischen und
physiologischen Nutzen ihrer Heilmittel gezogen. Auch die
moderne Medizin hat nach akribischer Forschung bestätigt,
dass sich körperliche und geistige Erkrankungen und
Schmerzen überlagern – trotzdem liegt die Behandlung
psychischer Probleme entgegen offensichtlicher Gemein-
samkeiten weit hinter einer Kaskade atemberaubender
Fortschritte bei der Behandlung körperlicher Krankheiten
zurück. Fortschritte, die die menschliche Lebensdauer verdoppelt und unsere Lebensqualität unermesslich verbessert
haben.

Es ist nicht so, als wäre die medizinische Wissenschaft
völlig blind gegenüber diesen Problemen. In den Vereinigten
Staaten etwa wurden ängstliche Hausfrauen in den 1950er-
und 1960er-Jahren mit Valium und Librium („Mutters kleine

Helferlein") ruhiggestellt. Zur Behandlung schwerer psychischer Störungen wurden eigens starke Antidepressiva und Antipsychotika entwickelt. Leider hatten diese Medikamente jedoch stets erhebliche Nebenwirkungen: emotionale Flachheit, Benommenheitsgefühle und körperliche Beeinträchtigungen. Heute haben sich selektive Serotonin-Wiederaufnahmehemmer (SSRIs) wie Prozac und Zoloft zu einem weit gepriesenen Wundermittel für die Linderung von Depressionen und Angstzuständen herausgebildet. SSRIs sind aktuell die am häufigsten eingesetzten Medikamente bei Amerikanern im Alter von 18 bis 44 Jahren und werden viermal[1] so häufig verschrieben wie vor 25 Jahren; in Großbritannien hat sich die Nutzung in den letzten zehn Jahren verdoppelt.[2] In diese chemischen Substanzen wurden große Hoffnungen gesetzt.

Eine große Anzahl von sorgfältig kontrollierten Studien sowie die metaanalytische Forschung[3], die deren Ergebnisse miteinander ins Verhältnis setzt, zeigen jedoch nur einen geringen oder überhaupt keinen Nutzen von SSRIs (verglichen mit Placebos) für Menschen mit leichten bis moderaten Depressionen. Ihr Nutzen für die Behandlung schwerer Depressionen verbleibt Gegenstand erbitterter Diskussionen, wobei die Ergebnisse aus Studien vermehrt auf keine oder nur geringe Verbesserungen hindeuten. Ein maßgeblicher Effekt auf Angststörungen[4] ist bisher auch nicht

1   Laura A. Pratt et al.: „Antidepressant Use in Persons Aged 12 and Over: United States, 2005–2008", National Center for Health Statistics Data Brief 76, 2011.
2   James Meikle: „Antidepressant prescriptions in England double in a decade", The Guardian online, 05.07.2016.
3   Jay C. Fournier et al.: „Antidepressant drug effects and depression severity: a patient-level meta-analysis" in: JAMA 1/2010, S. 47–53.
4   Michael A. Sugarman: „These antidepressants may have limited effectiveness", anxiety.org, 30.01.2018.

nachgewiesen. Ebensowenig sind SSRIs frei von zum Teil gravierenden Nebenwirkungen, einschließlich sexueller Dysfunktion, schneller Gewichtszunahme und, besonders beunruhigend, Suizidgedanken, insbesondere bei jüngeren Patienten. SSRIs konnten die hohen Erwartungen nicht erfüllen.

Alternativen
zu SSRIs

Die Frage ist also, ob es Medikamente gibt, die emotionale oder psychische Probleme effektiv und zuverlässig lindern können, ohne schwächende Nebenwirkungen. In der Vergangenheit haben sich Menschen auf eine Vielzahl von Medikamenten verlassen, um seelische Probleme zu lösen. Unsere viktorianischen Vorfahren verwendeten Opiate (z.B. Laudanum), um die Auswirkungen von Angstzuständen, Melancholie und Schlafproblemen zu minimieren. Opiate werden auch heute noch als die effektivste Abwehr gegen Schmerzen – aber auch bei Angstzuständen – in begrenzten Situationen (z.B. bei routinemäßigen Darmspiegelungen) eingesetzt. Die Ureinwohner Südamerikas haben über Jahrzehnte ihre körperliche und geistige Ausdauer durch den Konsum von Kokablättern verbessert; und Europäer des frühen 20. Jahrhunderts (wie Sigmund Freud) verwendeten deren Derivat, Kokain, um ihren Verstand zu schärfen. Selbsterkenntnis, ein allgemeiner Segen für die psychische Gesundheit, wurde in ganz Amerika seit mindestens eintausend Jahren mit natürlichen Psychedelika (z.B. Peyote oder Ayahuasca) unterstützt. Heute und in der jüngeren Vergangenheit hat die Jugend wiederholt den Wert von Cannabis bei der Erweiterung ihres ästhetischen, sozialen, ja sogar intellektuellen Horizonts für sich (wieder-)entdeckt. Aber all diese Drogen sind meistenorts verboten. Sie als Korrektiv für psychische Probleme anzuwenden, ist der westlichen Medizin und der Gesellschaft insgesamt ein Gräuel. Sie sind dafür da, high zu werden, nicht um gesund zu werden, und ihrem Einsatz wird folglich mit Ablehnung und Bestrafung begegnet.

Die allgemein akzeptierte Erzählung lautet: Drogen, die zu „Freizeitzwecken" verwendet werden, sind gefährlich, ihre schwerwiegendste Folge (wenn sie einen nicht bereits getötet haben) ist die Sucht. Laut der American Medical Association, dem National Institute of Health und anderen Behörden sind Gehirnveränderungen, die durch den wiederholten Konsum illegaler Drogen verursacht werden, schwerwiegend und dauerhaft. Süchtige seien dazu verdammt, dysfunktionale Beziehungen zu führen, blind für allgemein akzeptierte Realitäten zu sein und die Kontrolle über ihre Impulse zu verlieren – Grund genug, Freizeitdrogen fernzuhalten, nicht nur von Ärzten und ihren Patienten, sondern auch von Forschern, die sie weiter untersuchen könnten.

Verklärte Sucht

Das Argument klingt einfach. Aber Sucht ist keine einfache Sache. Zum einen werden die identischen suchtbezogenen Veränderungen im Gehirn auch immer dann beobachtet[5], wenn Menschen wiederholt reizvolle Tätigkeiten und Ambitionen verfolgen, sei es nun im Sport, in der Religion, in Wirtschaft und Politik oder in der Liebe – ja sogar beim

---

5 Marc Lewis: „Addiction and the Brain: Development, Not Disease" in: Neuroethics 1/2017, S. 7–18.

Shoppen. Zweitens ist Sucht weder ein Automatismus noch zwangsläufig chronisch. Nicht mehr als zehn Prozent[6] der Patienten, die Opioide gegen Schmerzen einnehmen, werden süchtig, bei Patienten ohne eine Vorgeschichte mit Drogenkonsum ist es sogar weniger als ein Prozent. Von denen, die süchtig werden, schafft es etwa die Hälfte innerhalb von vier bis fünf Jahren, die Sucht wieder abzulegen.[7] Irgendwann kommt bei fast jedem dieser Punkt.[8] Kokainabhängige stoppen im Durchschnitt vier Jahre nach ihrem ersten Konsum. Jene, die täglich Cannabis rauchen, gaben es im Durchschnitt nach sechs Jahren Konsum auf. Entgegen der landläufigen Meinung erholt[9] sich der Großteil der als drogenabhängig geltenden Menschen vollständig – meistens auch ohne formelle Behandlung.

Betrachten wir die gesellschaftliche Reaktion auf das Thema Sucht etwas genauer. Ärzte verschreiben schnell Schmerzmittel (sowohl Opioide als auch Nicht-Opioide), Ritalin, Beruhigungsmittel und Antidepressiva, obwohl alle diese Mittel dafür bekannt sind, stark abhängig zu machen. SSRIs (z.B. Zoloft) und Anxiolytika (z.B. Xanax) sind gerade wegen der damit verbundenen Suchterscheinungen die Hölle für Patienten. Hier wird die Suchtgefahr jedoch als ein akzeptables Risiko der medizinischen Behandlung betrachtet. Ebenso ist das Abhängigkeitspotenzial vor. Alkohol und Nikotin für unsere Gesellschaft nicht hinreichend

---

6   Kevin E. Vowles et al.: „Rates of opioid misuse, abuse, and addiction in chronic pain: a systematic review and data synthesis" in: Pain 4/2015, S. 569–576.
7   Carlos Blanco et al.: „Probability and predictors of remission from life-time prescription drug use disorders: results from the National Epidemiologic Survey on Alcohol and Related Conditions" in: Journal of Psychiatric Research, 1/2013, S. 42–49.
8   Stacey McKenna: „Ageing out of drugs", Aeon online, 22.08.2016.
9   „The rehabilitation process", addictionblog.org, 2017.

problematisch[10], um für ein Verbot dieser Stoffe einzutreten, obwohl die durchschnittliche Dauer der Alkoholabhängigkeit bei 16 Jahren liegt und nur die Hälfte der Tabakabhängigen innerhalb von 30 Jahren aufhören (da wären Sie als Kokain- oder Marihuanasüchtige um einiges besser dran).

Die wohl erstaunlichste Erkenntnis aus der Suchtforschung[11] ist, dass Sucht nicht primär mit Drogen verbunden ist. Viele Menschen entwickeln obsessive Beziehungen zu Aktivitäten, Identitäten und sogar Personen. So gilt das Glücksspiel in Großbritannien oder Australien teilweise als schwerwiegenderes soziales Problem als der illegale Drogenkonsum. Sexsucht, zwanghafte Internetnutzung, Spielsucht und verschiedenste Essstörungen sind gängige menschliche Reaktionen auf Frustration, Einsamkeit und das Gefühl einer existenziellen Leere. Sucht ist ein fester Bestandteil des Menschseins. Wenn es jedoch um den Drogenkonsum geht, wird die Sucht verunglimpft, und diejenigen, die von der Gesellschaft als drogenabhängig definiert sind, werden stigmatisiert, ausgeschlossen oder gar eingesperrt.

Wenn wir jene Mythen über Drogensucht überwinden, werden wir viel besser in der Lage sein, emotionale Probleme zu behandeln. Denn es gibt viele offensichtliche Möglichkeiten, um mit der Suche nach einer effektiven Behandlung zu beginnen. Psilocybin, der Wirkstoff in „Magic Mushrooms", ist weder giftig (in egal welcher Dosis) noch süchtig machend und reduziert bei Patienten mit Zwangsstörungen signifikant die Symptome. Einige Studien[12] haben die Linderung von Todesangst, von Entzugserscheinungen bei Alkoholismus

---

10 Gene M. Heyeman: „Quitting Drugs: Quantitative and Qualitative Features" in: Annual Review of Clinical Psychology 9/2013, S. 29–59.
11 Marc Lewis: „The addiction habit", Aeon online, 14.12.2016.
12 Journal of Psychopharmacology, 32/2018.

und von Depressionen durch Psilocybin bereits belegt. Trotzdem dürfen Ärzte es nicht verschreiben.

Party- statt Pharmadrogen

Die gegenwärtige Behandlung posttraumatischer Belastungsstörungen beinhaltet ein erneutes Durchleben des traumatischen Ereignisses, ein erneutes Erlebnis der Angst, die sie hervorgerufen hat. Ecstasy (MDMA) reduziert die Reaktion der Amygdala (ein Kerngebiet des Gehirns, beteiligt an der Furchtkonditionierung) auf Bedrohung und minimiert dadurch die Auswirkungen des Wiederbelebens der traumatischen Erfahrung. Ketamin, ebenfalls eine bekannte „Party-Droge", lindert[13] Depressionen schon nach einer einzigen Verabreichung zuverlässig und sicher (obgleich nur für eine begrenzte Zeit). Trotz dieser vielversprechenden Erkenntnisse verläuft die Erforschung der klinischen Wirkung solcher Drogen aufgrund gesetzlicher Hürden sehr schleppend.

Anstatt sich so viel um Sucht zu sorgen, etwas, das sich oft von selbst korrigiert, sobald die Lebensumstände wieder als erträglicher empfunden werden, sollten wir uns vielleicht mehr Gedanken über die Quellen seelischer Leiden machen. Depressionen sind nicht nur schmerzhaft, sie können töten. Angst treibt Menschen in eine scheinbar aussichtslose Isolation und befeuert das Auftreten stressbedingter Krankheiten. Aber die Vorstellung, Opioide, Kokain, Ketamin, Ecstasy und andere illegale Drogen ärztlich zu verschreiben, um den Menschen zu einem „besseren" Lebensgefühl zu verhelfen, wird heute immer noch in weiten Teilen der Gesellschaft als verrückt

---

13 Marc Lewis: „If ketamine helps treat depression, why can't doctors prescribe it?", The Guardian online, 03.04.2017.

abgetan. Haben wir etwa Angst, dass sich die Menschen zu gut fühlen werden? Lieber halten wir uns an Antidepressiva mit minimaler therapeutischer Wirkung, nicht weil sie vor einer Sucht schützen – das tun sie gerade nicht –, sondern wegen einer puritanischen Abneigung gegenüber einem unerlaubten Glücksempfinden, aufgrund des tiefsitzenden Glaubens, dass Menschen einfach über ihren emotionalen Leiden stehen und diese überwinden sollten (ohne zu „schummeln").

Sucht ist dabei ein Nebenproblem. Emotionales Leiden ist das eigentliche Hauptproblem, und zwar ein komplexes. In der heutigen Welt führt der Druck, den hohen Ansprüchen und Erwartungen gerecht zu werden, zu Angst, Versagen, Schuldgefühlen und Depression. Ungleichheit führt dazu, dass Menschen sich minderwertig und oft verzweifelt fühlen. Depressionen und Ängste sind Oberbegriffe, unter denen sich eine enorme Vielfalt an Ursachen und Folgen emotionalen Schmerzes finden lässt.

Wenn wir psychische Leiden genauso gut wie Lungenentzündung und Knochenbrüche behandeln können wollen, täten wir gut daran, über den Tellerrand von Antidepressiva, die emotional betäuben, und Anxiolytika, die die Sinne abstumpfen lassen, hinauszuschauen. Wir könnten damit beginnen, jene anderen Optionen zu erforschen, zu denen sich Menschen hingezogen fühlen, wenn man sie lässt: Drogen, die verschiedensten Personen helfen können, sich auf unterschiedlichste Weise gut zu fühlen. Ohne Stigmatisierung oder Strafverfolgung, jenseits von Geheimlabors und dunklen Gassen, sondern von Medizinern mit Sensibilität und Sorgfalt verschrieben, könnten diese Drogen viel Gutes bewirken.[14]

---

[14] Dieser Artikel ist zuerst bei Aeon online erschienen. Er ist unter der Creative-Commons-Lizenz CC BY-ND 4.0 lizensiert.

MONIKA FROMMEL

Illiberaler Strafrechts-Feminismus

Das neue Sexualstrafrecht schließt keine „Schutzlücken", sondern remoralisiert. Freiheitliche Prinzipien wurden durch einen infantilisierenden Schutzgedanken verdrängt

Die Neuregelung des Sexualstrafrechts, das hierzulande im 13. Abschnitt des Strafgesetzbuchs (StGB) zusammengefasst wird, ist folgenreich. Sie trat im November 2016 unter der Überschrift „Straftaten gegen die sexuelle Selbstbestimmung" in Kraft. Wohlmeinende finden, man solle dem Gesetzgeber raten, nachzubessern. Davon rate ich ab. Eine Gesetzgebung, die seit fast 20 Jahren (die letzte noch gut durchdachte Reform stammt von 1997) in jeder Legislaturperiode „nachbessert" und gelegentlich sogar mehrfach (so unter Heiko Maas 2015), geht offenbar von falschen Prämissen aus. Sie sollte also innehalten.

Eine der falschen Prämissen ist die Rede von den „Schutzlücken". Das Sexualstrafrecht hat nicht mehr oder weniger „Lücken" als andere Gebiete des materiellen Strafrechts auch. Man nennt das die Ultima Ratio des Strafrechts. Maternalistisch gedacht – also im Sinne einer vor allem auf moralische Bevormundung und Strafrechtsverschärfungen setzenden Spielart des Feminismus – wird Strafrecht zur prima ratio einer auf Empörung zielenden Kampagne. Die letzten Reformen sind von diesem Denken getragen. Auch ist die Selektivität der Strafverfolgung bei Sexualdelikten nicht auffällig, sondern entspricht in etwa dem, was Kriminologen bei Delikten erwarten, die entweder viele unbekannte Verdächtige betreffen oder aus einer komplexen Vorgeschichte heraus begangen worden sind. Erweitert man daher die Strafbarkeit, was 2016 geschehen ist, dann ergeben sich lediglich neue Probleme. Strafrecht wird unbestimmt, die Strafverfolgungsorgane werden überlastet und müssen in erster Linie darauf achten, diese Überlastung zu bewältigen. Auch Feministen, die an die Normen bestätigende Wirkung von Strafrecht glauben, sollten erkennen, dass diese Kraft längst erschöpft ist. Außerdem ist es nicht das System Strafverfolgung, welches versagt. Dieser Eindruck entsteht, wenn Kritiker glauben, von nicht selten medial aufgeblasenen Einzelfällen – wie dem Fall Wedel oder der Kölner Silvesternacht – auf das Ganze schließen zu können. Bevor sie dies tun, sollten auch sie eine interdisziplinäre Studie zu Rate ziehen, eine Studie also, bei der nicht nur Vertreterinnen der Frauenforschung beteiligt sind.[1]

Von Selbstbestimmung
zu Respekt

Völlig neu sind zwei Vergehenstatbestände in § 177 StGB über sexuelle Übergriffe, sexuelle Nötigung und Vergewaltigung. Absatz 1 normiert „sexuelle Übergriffe" und ist der Kern der „Nein heißt Nein"-Lösung, Absatz 2 ersetzt den gestrichenen § 179 und ist nun ein sehr weit gefasster Missbrauchstatbestand. Er betrifft Behinderte, Jugendliche und

---

[1]   Jutta Elz: „Verurteilungsquoten und Einstellungsgründe. Was wissen wir tatsächlich?" in: Martin Rettenberger / Axel Dessecker, Axel (Hg.): „Sexuelle Gewalt als Herausforderung für Gesellschaft und Recht" (Kriminologische Praxis, Bd. 72), Kriminologische Zentralstelle 2017, S. 117–141.

auch sonst nur eingeschränkt zu einem wirksamen „Nein" fähige Personen, was immer das bedeuten soll. Hochproblematisch ist ferner § 184j, der „Straftaten aus Gruppen" regelt. Der hier formulierte Auffangtatbestand der „Belästigung" beseitigt die noch aus den 1970er-Jahren stammende Einschränkung des Sexualstrafrechts und stellt nun auch nicht erhebliche sexuelle Belästigungen unter Strafe.

Dadurch wird die Systematik, welche seit der Großen Strafrechtsreform gegolten hat, nicht nur verändert, sondern völlig beseitigt. Damals war man sich einig, dass die Tatbestände des Sexualstrafrechts nur bei „erheblichen" sexuellen Handlungen erfüllt sein sollen. Die materielle Einschränkung der Strafbarkeit, welche der künftigen Gesetzgebung an zahlreichen Stellen zu empfehlen wäre, hatte einen guten Grund. Sie sollte zum einen eine Moralisierung des Strafrechts und zum anderen die Häufung strittiger Grenzfälle verhindern. Erreicht werden sollte dies bereits im Wortlaut der Vorschriften. Ausdrückliches Ziel der Reform war es, ein „Bagatell-Sexualstrafrecht" zu verhindern. Hingegen soll nach dem Willen der Reformprotagonisten von 2016 dieses Paradigma der Großen Strafrechtsreform fallen und durch ein neues ersetzt werden. Dies ist zweifellos gelungen. Ob die Durchsetzung normativ nachvollziehbar ist, bleibt eine ganz andere Frage.

War das Rechtsgut bislang ein Ausschnitt des sexuellen Selbstbestimmungsrechts und beinhaltete das Ziel, frei von Zwang über sexuelle Kontakte mit anderen zu entscheiden, ist das Rechtsgut nun erheblich erweitert worden und könnte mit Respekt vor der selbstbestimmten Sexualität eines jeden Menschen umschrieben werden. Hierbei ging es mitnichten nur darum, sogenannte „Schutzlücken", deren Existenz freilich eine notwendige Bedingung einer freiheitlichen

Rechtsordnung darstellen, zu schließen. Ziel war die Erweiterung des Sexualstrafrechts. Dass die Achtung und der Respekt als Menschenrecht angesehen werden, deren umfassender Schutz insbesondere strafrechtlich zu erfolgen habe, ist folgenreich und soll noch erörtert werden. Hat sich der Verbrechenstatbestand der alten Sexualstrafrechtsfassung noch auf nötigende Einwirkungen beschränkt, sind nun voraussetzungslos jeder Übergriff und jede Belästigung verboten. Auch werden Missbrauch und Nötigung nicht mehr unterschieden. Erwachsene werden seit November 2016 so behandelt wie früher Jugendliche: Sie sollen vor Übergriffen und Belästigungen jeder Art geschützt werden. Das neue System erinnert sogar an Enthaltsamkeitsgebote, wie sie in bestimmten sozialen Kontexten (Therapie, Inhaftierung, Krankenhaus) bereits vor 2016 vereinzelt vorkamen. Die neue Sexualmoral lautet: Sexualität soll in bestimmten Institutionen bewusst tabuisiert werden. Der Schutzgedanke steht im Vordergrund – nicht, wie noch in den 1970er-Jahren, die Freiheit.

Sex als Tat?

Liest man die einzelnen Tatbestände des neuen § 177 unvoreingenommen, wundert man sich darüber, dass im Grundtatbestand des Absatz 1 offenbar daran gedacht ist, sexuelle Handlungen als Tathandlung zu konzipieren. Dieses Verständnis irritiert, da das Unrecht erst durch das Merkmal des entgegenstehenden Willens umschrieben werden kann und bei einem Vorsatzdelikt dieses erst verwirklicht ist, wenn der Tatverdächtige alle Merkmale des objektiven Tatbestandes auch erkennt und dennoch planvoll den entgegenstehenden Willen übergeht. Nach den Motiven der

Neuregelung soll diese Einschränkung durch die Annahme, dass dieser Tatbestand auch mit bedingtem Vorsatz verwirklicht werden kann, übergangen werden. Aber verfassungskonforme Auslegung, bei offenkundig misslungenen Tatbeständen nötig, kann hier korrigieren. Sexuelle Handlungen als solche sind aus strafrechtlicher Perspektive zunächst einmal neutral. Dies macht der Zusatz „gegen den erkennbaren Willen" auch deutlich. Aber der Wille einer Person ist schwer erkennbar. Als objektives Tatbestandsmerkmal ist eine Zuschreibung, welche ja im Auge des Betrachters liegt, äußerst problematisch. Wird an den Vorsatz keine nähere Anforderung gestellt, wie bei dieser Neufassung, muss erneut einschränkend ausgelegt werden. Hätte man formuliert: „ein sexueller Übergriff gegen den *erkennbaren und erkannten Willen* einer Person wird [...] bestraft", wären Zweifel ausgeräumt. Nun müssen sie durch Auslegung beseitigt und gegebenenfalls obergerichtlich geklärt werden.

Der klassische § 177, wie man ihn – über alle Reformen der letzten Jahre hinweg – seit dem Jahr 1871 kannte, ist mit der Neuregelung erheblich erweitert worden und nun eine Qualifikation des Grundtatbestands des „sexuellen Übergriffs", also eines weit gefassten Vergehens. Das Problem der nicht weiter definierten Tathandlung dieses Grundtatbestandes verschärft sich somit, weil auch die Qualifikationen der Verbrechenstatbestände auf dem Grundtatbestand aufbauen und weil außerdem manche Absätze sehr offen formuliert sind. Wie soll verfahren werden mit einem Verbrechenstatbestand, der lakonisch formuliert: wer „gegenüber dem Opfer Gewalt anwendet"? Was bedeutet dies, um ein Beispiel zu nennen, etwa in einem sadomasochistischen Zusammenhang? Welcher Gewaltbegriff soll genügen? Kommt für den

Strafbarkeitsausschluss nur die rechtfertigende Einwilligung in Betracht? Die Liste der Ungereimtheiten lässt sich fortsetzen. In einem Absatz scheint die Tathandlung ein besonders erniedrigender Beischlaf zu sein. Aus dem Kontext ist klar, dass das Merkmal des „erkennbar entgegenstehenden Willens" die Weite dieser unbestimmten Qualifikation einschränken soll. Aber auch diese Erwartung sprengt die Gewohnheit, welche die Prinzipien eines rechtsstaatlichen und liberalen Strafrechts geformt hatten, die seit den 1970er-Jahren weitgehend unbestritten waren und nun nicht mehr gelten sollen.

Übergriffe und
Vorsatz

Die Schwierigkeiten der Auslegung der Verbrechenstatbestände legen es nahe, zunächst einmal zu prüfen, wie der als Grundtatbestand bezeichnete sexuelle Übergriff zu bestimmen ist. Es ist anzunehmen, dass künftig in der Praxis sogar die meisten Fälle diesen Vergehenstatbestand betreffen werden. Auch dies ist aus der Perspektive eines rechtsstaatlich liberalen Strafrechts kritisch zu sehen, denn bei Vergehen hat die Staatsanwaltschaft sehr viel mehr Möglichkeiten zu reagieren als bei einem Verbrechenstatbestand. Sie muss nicht überlegen, ob sie anklagt oder einstellt, sondern sie kann zwischen den diversen Erledigungsarten wählen. Zwar erleichtert dies die Entscheidung der mutmaßlich Geschädigten, eine Anzeige zu stellen, was auch erkennbar das Ziel der Neuregelung war; denn beklagt wurde während des gesamten Gesetzgebungsverfahrens, dass das frühere Recht „Schutzlücken" habe, was auch immer darunter verstanden wurde. Jedenfalls wollten diejenigen, die für die dann durchgeführte Reform plädiert hatten, auch das Anzeigeverhalten steigern. Betrachtet man das neue Recht aus der Perspektive einer ohnehin überlastenden Staatsanwaltschaft, hat es durchaus Vorteile: Der Verdächtige kann leicht unter Druck gesetzt werden, auch wenn keine belastbaren Beweise vorliegen, einer Diversion zuzustimmen. Er wird schon deshalb geneigt sein, einer Einstellung mit Auflagen und Bußgeldern zuzustimmen weil er dann nicht mit der Publizität rechnen muss, welche ein förmliches Verfahren sicher mit sich bringt.

Wie bereits erwähnt, ist die Tathandlung unklar formuliert. Zwar ist der Kern des Vorwurfs des „Übergriffs" klar, aber er ist nicht begrifflich definiert und scheint darüber hinaus sogar undefinierbar. Verboten ist nach dem Wortlaut eine sexuelle Handlung „gegen den erkennbaren Willen" der betroffenen Person. Aber mit der ungewöhnlichen Formulierung der „Erkennbarkeit" kann eine Objektivierung nicht erreicht werden. Dieses objektive Tatbestandsmerkmal kann nicht darüber hinwegtäuschen, dass es bei „sexuellen Übergriffen" häufig zu Aussage-gegen-Aussage- Konstellationen kommen wird, weil nun einmal die Situation einer ambivalenten sexuellen Zudringlichkeit nicht so eindeutig sein wird, dass sich das fehlende Einverständnis jedem Beobachter aufdrängt. Die Perspektive eines unbeteiligten Dritten (ex ante) hat also nur eine beschränkte Filterwirkung. Auch wird es deutlich seltener belastbare Beweise geben, als bei gewaltsam erzwungenen sexuellen Handlungen.

Damit verlagert sich der Schwerpunkt der Prüfung – trotz des Versuchs der Objektivierung – auf den im Einzelnen festzustellenden *Vorsatz*, also auf die Frage, ob der Verdächtige den entgegenstehenden Willen tatsächlich erkannt hat. Aber auch hier bleibt unklar, welche Anforderungen der

Vorsatzlehre konkret zu stellen sind. Zwar genügt nach allgemeiner Auffassung bei Vorsatzdelikten auch bedingter Vorsatz. Aber was bedeutet das bei sexuellen Übergriffen? Zwar könnte man – was die Motive zu dieser Reform nahelegen – konstruieren, dass der Tatbestand immer schon dann erfüllt sei, wenn der Verdächtige es zumindest ernstlich für möglich gehalten hat, dass der für Dritte erkennbare Wille tatsächlich gefehlt hat. Aber kann man das kognitive Element des Vorsatzes so leicht bejahen? Diese Frage soll zunächst dahinstehen. Sehr viel problematischer ist das voluntative Element. Will der Verdächtige diesen (möglicherweise) entgegenstehenden Willen übergehen, wenn er (oder sie) trotz Zweifel eine – darüber hinaus nicht weiter aufgenötigte – sexuelle Handlung vornimmt? Dies lässt sich wegen der oben benannten Ambivalenz nicht so leichthin klären.

Der Grund liegt in der Liberalisierung und Individualisierung der Sexualität, welche etwa seit Inkrafttreten des Grundgesetzes, sicher aber seit den 1970er-Jahren dominiert. Dieser langfristige und stabile Trend sollte nicht einfach normativ ignoriert und rechtspolitisch übersprungen werden. Bezogen auf die sich stellende rechtsdogmatische Frage, bedeutet das, dass ein bedingter Vorsatz auf Konstellationen einer ambivalenten sexuellen Begegnung aus verfassungsrechtlicher Perspektive erkennbar nicht passt. Diese Einsicht rückt das auf den ersten Blick eindeutige Vorsatzdelikt des Absatz 1 bei näherem Hinsehen bedenklich in die Nähe eines Fahrlässigkeitsvorwurfs. So gesehen ist es künftig ratsam, sich des positiven Einverständnisses zu versichern. Aber diese Vorsichtsmaßnahme bedeutet nichts anderes, als dass die neuen Sorgfaltsmaßstäbe, die im Umgang mit Sexualität aufgestellt worden sind, letztlich moralischer Natur sind. Sollte sich das bewahrheiten, dann ist § 177 Abs. 1 wieder ein Sittlichkeitsdelikt.

Sex und Gewalt

Nicht nur das Rechtsgut der neuen Strafbarkeit des sexuellen Übergriffs stellt einen Paradigmenwechsel dar. Es kommen weitere Neuheiten hinzu. Auch die sexualisierte *Gewalt* ist in der Neufassung des Verbrechenstatbestandes erweitert worden und dadurch unklar geworden. Verlangt wird keine Nötigungshandlung zur Erzwingung des sexuellen Kontakts mehr und auch der final-funktionale Zusammenhang zwischen Gewalt und sexueller Handlung entfällt. Der objektive Tatbestand verlangt nur noch Gewalt „bei der Tat". Damit kann die Frage, wie in den verschiedenen Tatbeständen des § 177 „die Tat" zu verstehen ist, nicht offenbleiben. Es muss geklärt werden, was die Formulierung „bei der Tat" meint. Fest steht lediglich, dass eine Vergewaltigung seit November 2016 kein besonders schwerer Fall des Verbrechens der sexuellen Nötigung mehr ist, wie es noch die letzte Reform 1997/1998 festgelegt hatte. Tathandlung ist somit nicht mehr – wie damals normiert – die sexuelle Nötigung, sondern *die sexuelle Handlung* ohne erkennbares Einverständnis.

Dies ist nicht unproblematisch, weil die Umstände, welche ein fehlendes Einverständnis nahelegen, nicht mehr wie früher beschrieben werden (Gewalt, Drohung, Ausnutzen einer schutzlosen Lage und final-funktionaler Zusammenhang zwischen Nötigung und sexueller Handlung). Zum Verbrechen wird die sexuelle Handlung ohne erkennbares Einverständnis in der Neuregelung bereits durch die nicht näher beschriebene „Gewalt bei der Tat", wobei die Tat dem beschriebenen Vergehenstatbestand des sexuellen Übergriffs zu entnehmen ist. Damit liegt der Schwerpunkt des Vorwurfs auf dem erkennbar fehlenden Einverständnis. Alle Probleme, die der Vergehenstatbestand aufweist, bleiben auch bei den

Qualifikationen bestehen. Es kommen noch neue hinzu, etwa die Frage: Welche Anforderungen sind bei der Auslegung des Merkmals „Gewalt bei der Tat" zu verlangen?

Nun galten sexuelle Handlungen ohne Einverständnis immer schon als moralisch verwerflich, aber nicht unbedingt als strafwürdig, weil es sich nun einmal um schwer beweisbare, letztlich innere Vorgänge beim Täter und beim Opfer handelt. Da die Verantwortung bei der Frage des Einverständnisses letztlich zugeschrieben werden muss, legte die Gesetzgebung vor 2016 großen Wert auf die präzise Umschreibung der Tathandlungen des nötigenden Zwangs und der Gewalt. Eine erhöhte Opferbelastung wurde als Strafzumessungsproblem eingestuft. Die Reformgesetzgebung hat sich über diesen Einwand hinweggesetzt, aber nicht bedacht, dass Übergriffe (und noch deutlicher Belästigungen) nur schwer strafrechtlich definiert werden können. An außerstrafrechtliche Regelungen dachte man überhaupt nicht. Stattdessen ging man davon aus, dass das Grundrecht der sexuellen Selbstbestimmung (in einem weiten Sinne) strafrechtlich geregelt werden müsse. Dies ist problematisch; denn Grundrechte können vielfältig rechtlich abgesichert werden. Strafrecht ist nur ein Mittel, und nicht einmal das der ersten Wahl.

Bei nicht gewaltsam erzwungenen oder anderweitig bedenklichen sexuellen Kontakten genügt es, wenn dem Opfer eine rechtliche Gegenwehr nach der Tat zur Verfügung steht. Es muss nicht Strafrecht sein. Bei Wiederholungsgefahr sind überdies im punitiven, also strafenden, Zivilrecht, flankiert von einem erweiterten Polizeirecht, Platzverweise oder Wegweisungen sehr viel effektiver als das Vertrauen auf die abschreckende Wirkung von Strafnormen. Außerdem sind bei den Reaktionen auf häusliche Gewalt sehr gute Erfahrungen gemacht worden. Zivilrechtliche Gegenwehr, kombiniert mit polizeirechtlichen Befugnissen sind spätestens seit dem Gewaltschutzgesetz 2000 erprobte Wege, welche erweitert werden können auf andere Formen der Belästigung. Wenn man sich gegen Zumutungen in den eigenen vier Wänden auf sehr einfache Weise und äußerst effektiv rechtlich wehren kann, wieso soll das nicht auf den Arbeitsplatz erweitert werden oder auf öffentliche Orte, in denen man nicht ausweichen kann? Punitives Zivilrecht kann empfindliche Sanktionen androhen und einsetzen, bei Wiederholungsgefahr kennt es auch strafrechtliche Reaktionen. Wieso also genügt es nicht, hier Erweiterungen vorzunehmen?

Der Unrechtsgehalt, den ein Straftatbestand formuliert, und die sozialen Folgen, die der Vorwurf einer Straftat nun einmal mit sich zu bringen pflegt, sollten in Vergangenheit mit der Konstruktion zivilrechtlicher Sanktionen bewusst vermieden werden. Sie haben gut funktioniert und gewähren einen sehr viel besseren Opferschutz als Strafrecht pur. Was spricht dagegen, diese Erfahrungen auf Übergriffe und Belästigungen zu übertragen? Dass dies unterblieb und nun stattdessen wieder die strafrechtliche Karte gezogen wurde, zeigt leider die Unbelehrbarkeit derer, die auf einen abstrakten Opferschutz durch Strafrecht setzen. Erfüllbar war und ist diese Erwartung nicht.

Punitiver
Feminismus

Eine weitere Besonderheit kommt hinzu. Die früher für ein liberales Verständnis von Strafverfolgung grundlegende Skepsis gegenüber unbewiesenen und schwer beweisbaren

Vorwürfen hat sich in den Jahren 2014 bis 2016 (der Kampagne vor der Reform) und parallel dazu mit der #Metoo-Bewegung wieder in ihr Gegenteil zurückentwickelt. Nicht mehr Gewalt ist das vordringende Thema, sondern bereits eine neue Sensibilität gegenüber sexueller Respektlosigkeit steht seither im Fokus der verschiedensten Aktivitäten. Umfangreicher Opferschutz verdrängt den Gedanken des Strafrechts als Ultima Ratio.

Der in den 1970er-Jahren noch freiheitsliebende Feminismus hat sich verändert. „Gewalt gegen Frauen" war zwar schon damals ein Thema, aber nun wird es zur Obsession. Nach 1975 entstand zunächst ein kreativer „Graswurzel"-Feminismus mit Anlaufstellen und guter Beratung. Es folgten feministische Juristinnen-Tage, eine bessere Rechtedurchsetzung, und allmählich begannen Politikerinnen und NGOs regelmäßig Erweiterungen und Verschärfungen des Strafrechts zu fordern. Mittlerweile haben sie auch die Mehrheiten, um diese durchzusetzen. So entstand ein *punitiver Feminismus*, der die jeweilige Politik berät und zunehmend an Einfluss gewonnen hat. Zwar ist nach einem halben Jahrhundert zu bezweifeln, dass die soziale und ökonomische Benachteiligung von Frauen und die strukturellen Hemmnisse bei der Karriereorientierung immer noch auf den „‚Kleinen Unterschied' und seine großen Folgen" (Alice Schwarzer) zurückzuführen sind, aber die Kampagnen nutzen dennoch die einmal eingeschlagenen und nun ziemlich ausgetretenen Pfade. Die These, dass (nur) Männer über eine dominante Sexualität verfügen und dadurch Frauen unterdrücken, mag vor fünfzig Jahren noch plausibel gewesen sein, sie passt aber nicht mehr in die heutige Zeit, zumal der Ruf nach mehr Strafrecht zu einem Ritual geworden ist. Punitivismus verkennt auch bei Feministinnen Ursache und Wirkung.

Die Neuregelung hat in erster Linie keine „Schutzlücken"
geschlossen, sondern die Schutzrichtung verändert. Rechts-
dogmatisch ist das neue System eher zweifelhaft. Der neue
§ 177 ist problematisch, weil er es nahelegt, eine „sexuelle
Handlung" als „Tathandlung" anzusehen. Auch die Verbrechenstatbestände (Gewalt „bei der Tat") basieren auf diesem
Fehler. Dies kann zwar durch Auslegung bereinigt werden,
aber dazu muss erst einmal ein Problembewusstsein geschaffen werden. Nötig ist es, die Handlungen jeweils so zu
bestimmen, dass ein gestufter Schutz entsteht: bewusstes
Übergehen des erkennbar entgegenstehenden Willens, nö-
tigendes Beugen und gewalttätiges Zwingen zur Vornahme
oder Erdulden von erheblichen sexuellen Handlungen.
Auch der Paragraf § 184j muss restriktiv ausgelegt werden,
um zu gewährleisten, dass nur erheblich belästigendes und
planvolles Verhalten sanktioniert wird.

Zwar wurde die Neuregelung als notwendige Konsequenz einer veränderten Sicht auf das als Menschenrecht
aufgewertete Rechtsgut der sexuellen Selbstbestimmung
gefordert und im Bundestag auch mit dieser Begründung
nahezu einstimmig – nicht zuletzt auf Grund der Kampagne
nach der Kölner Silvesternacht 2015/2016 – durchgesetzt.
Doch die zügige Implementation des neuen § 184j und der
neuen Vergehenstatbestände der Absätze 1 und 2 zeigt, dass
hinter diesem neuen „Bagatellsexualstrafrecht" ein langfris-
tiger Trend steht. Brachiale Gewalt wurde und wird seit jeher
hart bestraft. Aber sie geht zurück. Stattdessen wird mittlerweile alltäglicher Sexismus medienwirksam skandalisiert.
Offenbar trifft dieses Bedürfnis mehr Menschen als die Angst
vor brutaler Gewalt. Sie betrifft, was ein kultureller Fortschritt ist, nur Einzelfälle, die ebenfalls ausführlich berichtet
werden. Die Kampagne für die neuen Regelungen war

erfolgreich, schon genau wie der neue Vergehenstatbestand des sexuellen Übergriffs. Es kam also sehr schnell zu einer Verschiebung der Schwerpunkte. Beratungsstellen raten offenbar zum leichter verfolgbaren Bagatelldelikt. Nebenklage-Vertreterinnen setzen diese Forderung um. Noch ist nicht bekannt, wie „erfolgreich" die sich belästigt Fühlenden vor Gericht sein werden. Auch könnte es sein, dass die neuen Vergehenstatbestände zumindest einzelne Staatsanwaltschaften lediglich dazu ermuntern, auf vielfältige Formen der Diversion zurückzugreifen. Ob dies geschieht, werden erforderliche neue empirische Studien noch zeigen. Jedenfalls hat der 13. Abschnitt des StGB über Straftaten gegen die sexuelle Selbstbestimmung ein neues, erheblich weiter gefasstes Rechtsgut.

Die neue Sensibilität ist ein Befund, der ausgesprochen positiv ist. Aber er stellt nur dann einen kulturellen Fortschritt dar, wenn man es vermeidet, haltlose #Metoo-Kampagnen in Europa zu inszenieren. Eigentlich sollte der Einstellungswandel nichts mit strafrechtlichen Forderungen zu tun haben, denn er hat dazu geführt, dass es in Deutschland zunehmend weniger Vergewaltigungen gibt. Wieso suchte angesichts dieser Befunde die Gesetzgebung 2014 bis 2016 nur nach strafrechtlichen Strategien? Offenbar sind die zahlreichen Projekte, welche nahe an den Problemen angesiedelt sind, medial nur schwer als Erfolg darzustellen. Zwar wissen die dort Beschäftigten sehr genau, dass den Ratsuchenden nicht mehr und schon gar nicht ungenaues Strafrecht hilft, sondern nur effektiv verfügbare und ganz konkrete Maßnahmen vor Ort. Aber diese Einsicht geht regelmäßig unter. Jedenfalls sollte die Gesetzgebung in den nächsten Jahren einmal über einen Perspektivenwechsel nachdenken und das Gewaltschutzgesetz erweitern. Neues oder ein angeblich verbessertes Sexualstrafrecht sollte sie erst gar nicht versuchen. Viel besser wäre es, wenn wir mehr über die kriminologischen Zusammenhänge wüssten.

GÜNTER ROPOHL

Fröhlich vom Fleisch zu essen…

Der Vegetarismus will die Kultur perfektionierten Genießens zugunsten eines abstrakten Gesinnungsprinzips opfern. Die Esskunst wird zum Zwecke bloßen Überlebens instrumentalisiert

„… das wird niedrig gescholten, aber ich meine, in die Grube gelegt werden, ohne einen Mundvoll guten Fleisches genossen zu haben, ist unmenschlich."[1] Das sagt Bertolt Brecht, doch etwa sechs Million Deutsche sehen das anders und begehen an jedem 1. Oktober den Weltvegetariertag.[2] Nun verschmäht kein Feinschmecker die pflanzliche Kost. So empfiehlt der französische Meisterkoch Paul Bocuse in seinem inzwischen klassischen Brevier „La Cuisine du Marché"[3] auch den sorgsamen Umgang mit den vegetarischen Produkten der Gärten und Felder, doch ihre Rolle ist es vor allem, kleine wie große Gerichte zu ergänzen, und viele Salat- und Gemüsezubereitungen kommen erst mit Speckwürfeln oder Fleischfonds zur Vollendung.

---

[1] Bertolt Brecht: „Fröhlich vom Fleisch zu essen" (um 1954) in: In „Die Gedichte" (hgg. v. J. Knopf), Suhrkamp 2000, S. 1173.
[2] Vgl. den Artikel „Vegetarismus" in der Wikipedia. Neben den Klima- und Tabakthemen ist dies ein weiteres Beispiel für die strukturelle Schwäche des Mitmachlexikons: Besonders engagierte Minderheiten verstehen es, ihre einseitige Sicht als unumstößliche Wahrheit auszugeben, und Menschen, die mit guten Gründen eine andere Auffassung vertreten, werden, falls sie sich überhaupt zu Wort melden können (die Bearbeitung von Wikipedia-Artikeln setzt eine gewisse Computer-Kompetenz voraus), mit intransigenten „Bearbeitungskriegen" zermürbt.
[3] Deutsche Ausgabe: „Die Neue Küche", Econ 1977.

Dialektische
Gastrosophie

In der Tat: Kein Gourmet wird eine Spinatmousse oder eine
Ratatouille mit Verachtung strafen, aber was wären sie für
sich allein wert, wenn sie nicht dazu da wären, eine getrüf-
felte Poulardenbrust oder einen Lammrücken im Kräuter-
mantel zu begleiten! Gern willigt der Feinschmecker ein,
seinen Appetit anfänglich mit Champignons à la grecque
anregen zu lassen, aber solches Vorspiel bliebe frustrierend,
wenn es nicht zu den ersten Höhepunkten, der Krautwickel
mit Gänseleberfüllung und dem pochierten Salm in Sher-
rysahne überleiten würde. Und das streng vegetarische Sor-
bet vom Gewürztraminer hat auch wieder nur die dienende
Aufgabe, den Geschmackssinn für den folgenden Kalbsrük-
ken nach Art des Prinzen Orlow zu läutern. Anschließend
genießt der Gourmet, offen für jede Geschmackserfahrung,
den gebackenen Ziegenkäse laktovegetarischer Observanz
und die natürlich fleischlosen Crêpes au Kirsch.

So huldigt der Esskünstler den tiefsten Einsichten der
Philosophie. Nicht erst Karl Marx nämlich hat Hegel vom
Kopf auf die Füße gestellt und dessen Dialektik materialis-
tisch gewendet. Die Priorität gebührt dem Arzt und Gastro-
sophen Gustav B. Blumröder, der, unter dem Pseudonym
Antonius Anthus, die dialektische Einheit von Animalischem
und Vegetabilischem erkannt hat: „Ein bloß vegetabilisches,
wie ein bloß animalisches Gastmahl ist für den Esskünstler
schlechthin ein Absurdum, ein Gemälde ohne Licht und
Schatten, also gar nichts. Wenn nun von zwei Gegenständen
jeder rein für sich, ohne den anderen gedacht, absurd ist und
nur durch die Verbindung beider der Begriff sich konstruiert,

so wird ja das Wesenhafte eben dieser Verbindung von selbst einleuchten".[4]

Wie sich niemand einen Kunstkenner nennen darf, der nicht wenigstens einige der berühmten Werke der Weltmalerei im Louvre, in den Uffizien oder in einem anderen großen Museum in sich aufgenommen hat, so steht auch niemandem ein Urteil über die rechte Art des Essens an, der nie in einem exzellenten Etablissement der Gastrosophie gespeist hat.[5] Dort aber gehören Fisch und Fleisch ebenso zum kulinarischen Ritual wie Pflanzenkost, Milchprodukte und Eierspeisen. Mit einem Wort: Wer den Vegetarismus propagiert, missachtet die besten gastronomischen Traditionen der menschlichen Kultur, und ich vermute, dass er sie nur darum missachtet, weil er nicht wirklich zu genießen gelernt hat.

Der Vegetarier freilich gibt andere Gründe an: ethische, diätetische und ökologische. Was von derartigen Gründen zu halten ist, will ich im Folgenden durchgehen.

Ehrfurcht
vor dem Leben?

Das ethische Argument gegen den Fleischgenuss lautet, die Menschen hätten nicht das moralische Recht, Tiere zu töten, um sich davon zu ernähren. Ich will es dahingestellt sein lassen, ob man dieses Argument überhaupt „ethisch"

---

[4] Antonius Anthus: „Vorlesungen über Esskunst", 1838, zit. nach der Neuausgabe, Scherz 1962, S. 164f.
[5] Man findet diese Plätze in den Ciceronen der Gastrosophie, die unter Namen wie „Gault-Millau", „Michelin" oder „Varta-Führer" alljährlich erscheinen. Wer allerdings nicht nur gutes Essen, sondern auch guten Tabak genießen will, findet darin kaum noch Refugien vollkommener Lebensfreude. Dafür hat der von der WHO forcierte Anti-Vegetarismus der Tabakbekämpfung gesorgt. Vgl. meinen Beitrag: „WHO: Welt-Heils-Ordnung" in: Novo 107, 2010, S. 30–34.

nennen darf, denn der Moralphilosophie geht es zunächst und vor allem um Handlungsregeln im Umgang zwischen den Menschen, und schon da hat sie große Mühe, solche Handlungsregeln aus der Personalität der Menschen zu begründen. Umso schwieriger wird es sein, Handlungsregeln gegenüber nichtmenschlichem Leben zu begründen, dem man die Eigenschaft der Personalität wohl nur in anthropozentrischer Metaphorik zusprechen kann. So will ich mich darauf beschränken, auf einige immanente Widersprüche eines ethischen Vegetarismus aufmerksam zu machen.

Menschen sind, vor und neben aller Kultivierung, selbstverständlich auch Naturwesen, und Naturwesen kennen keine Ehrfurcht vor dem Leben. Unabhängig davon, ob sie überhaupt etwas „kennen", folgen sie dem natürlichen Selbsterhaltungstrieb, der sie veranlasst, anderes Lebendige zu verzehren, um selbst leben zu können. Aus der biologischen Evolution sind, von Spezies zu Spezies verschieden, organismische Ausstattungen erwachsen, die mit angemessenen Ernährungsgewohnheiten korrespondieren. Das drückt sich beispielsweise im Verhältnis von Darmlänge und Körpergröße aus, das bei Pflanzenfressern sehr hoch und bei Fleischfressern sehr niedrig ist; der Mensch ist bei diesem Kennwert nicht bei den Extremen, aber doch in deutlicher Nähe zu den Fleischfressern einzuordnen.[6]

Nun will ich aus diesem Befund keineswegs ein naturalistisches Argument für den Fleischgenuss ableiten. Aber ich muss die Vegetarier fragen, wie sie damit umgehen wollen. Wenn sie die Naturgebundenheit des Menschen anerkennen – und viele Vegetarier sind Naturalisten, die eine

---

6 Ernst Kofrányi: „Einführung in die Ernährungslehre", 9. Aufl., Umschau-Verlag, Frankfurt/Main 1977, S. 21.

wie auch immer verstandene Harmonie von Mensch und Natur postulieren –, müssen sie einräumen, dass Menschen sich eben dann naturgemäß verhalten, wenn sie auch Fleisch essen.

Selbstwidersprüche

Der ethische Vegetarismus macht demgegenüber jedoch gerade die Kulturalität des Menschen geltend, die sich von naturalen Prägungen zu emanzipieren vermag und aus höherer Einsicht, die der Mäuse jagenden Katze verschlossen bleibt, die evolutorisch präformierte Fleischeslust überwinden kann. Die höhere Einsicht aber, die dem Menschen nur dadurch zukommt, dass er eine höhere Organisationsform des Lebens erreicht hat, soll besagen, dass tierisches Leben in ethischer Hinsicht den gleichen Wert hat wie menschliches Leben. Also nur weil Mensch und Tier verschiedenrangig sind, kann der Mensch den Gedanken entwickeln, menschliches und tierisches Leben wären gleichrangig. Und diesem offenkundigen Selbstwiderspruch gesellen sich weitere Inkonsequenzen hinzu.

Wer der Würde des Tieres die gleiche Ehrfurcht entgegenbringen will wie der Würde des Menschen, der kann auch tierische Hervorbringungen, die allein für die Fortpflanzung der Tiere bestimmt sind – Milch, Eier und dergleichen –, nicht für die eigene Ernährung instrumentalisieren, ganz zu schweigen von züchterischen Deformationen, die eine nachwuchsunabhängige fortgesetzte Mengenproduktion dieser Reproduktionsgüter bewirken. So scheint der Laktovegetarier in ethischer Hinsicht wenig konsequent.

Der strenge Vegetarier aber muss sich fragen lassen, warum die Ehrfurcht vor dem Leben bei den Pflanzen aufhört. Wenn man das Lebensrecht der Tiere mit dem der Menschen auf die gleiche Stufe stellt, vermag ich nicht zu begreifen, wieso man das Lebensrecht der Pflanzen dann auf einen geringeren Platz verweist. Zwar versucht man mit Hilfe der Kategorie der Leidensfähigkeit, dem pflanzlichen Leben einen niedrigeren Rang zuzusprechen, doch gibt es Blumenzüchter, die auch Pflanzen für leidensfähig halten. Wenn man also schon mit einem so anthropomorphen – und biologisch wohl noch höchst klärungsbedürftigen – Konzept wie dem der „Leidensfähigkeit" nichtmenschlicher Lebewesen operiert, dann kann man nicht willkürlich bestimmte Gattungen davon ausschließen.

Freilich läuft dann die Ehrfurcht vor dem nichtmenschlichen Leben, konsequent praktiziert, darauf hinaus, die Ehrfurcht vor dem eigenen Leben hintanzustellen. Tatsächlich trifft man hin und wieder radikale Ökologisten, denen die Erde wertvoller erschiene, wenn es das „plündernde und mordende Raubtier Mensch" nicht mehr gäbe; aber – erneuter Selbstwiderspruch! – man trifft sie noch.

Was gegessen wird, hat gelebt

Wie alle abstrakten ethischen Prinzipien lässt auch die „Ehrfurcht vor dem Leben" verschiedene Deutungen zu. Albert Schweitzer, der diese Formel, ihrem Inhalt nach wohl schon in der altindischen Philosophie bekannt, im 20. Jahrhundert neuerlich in die ethische Diskussion eingeführt hat, soll selbst die Schwierigkeiten eingeräumt haben, die mit dem Leben der Bakterien und Viren entstehen, wenn denen die Ehrfurcht vor dem menschlichen Leben abgeht. Offensichtlich befreit das Prinzip nicht von der

Güterabwägung zwischen verschiedenen Formen des Lebens.

Man kann aber das Prinzip auch positiv wenden und so verstehen, dass mehr Leben besser ist als weniger Leben. Nun sind es aber gerade die menschlichen Fleischliebhaber, denen Abermillionen von Tieren zunächst ihr Leben verdanken. Niemand würde noch Gänse, Schweine und Rinder züchten, wenn sich der Vegetarismus durchsetzte. Wenn man schon anthropomorphe Zuschreibungen für richtig hält, dann muss man neben der „Leidensfähigkeit" doch wohl auch das „Daseinsglück" all jener Tiere in Rechnung stellen, die nach den Vorstellungen des Vegetarismus nie gelebt hätten.

Damit man mir keinen Zynismus unterstellt, beeile ich mich hinzuzufügen, dass die Lebensbedingungen der Schlachttiere selbstverständlich so zu gestalten sind, dass alles, was Tiere nach nüchterner tierpsychologischer Beobachtung während ihrer Lebensspanne als Übel erfahren könnten, vermieden wird. Und es bedarf wohl kaum noch der Erwähnung, dass der unvermeidliche Schlachtvorgang für die Tiere nicht spürbar werden darf.

Ohne näher darauf eingehen zu können, scheint mir eine Folgenethik, der es um die Minimierung von vermeidbaren Übeln geht, viel plausibler und praktikabler als eine fundamentalistische Gesinnungsethik, die ein abstraktes „Prinzip des Lebens" postuliert, ohne die Folgen für die Menschen wirklich ernst zu nehmen. Und die vegetarische Gesinnungsethik wird erst recht unplausibel, wenn sie sich auch noch in unauflösbare Widersprüche verwickelt. Der ethische Vegetarismus, ich wiederhole es, verteidigt ein tierisches Lebensrecht, das weithin gegenstandslos würde, wenn er sich verbreitete.

Vegetarismus als
Krankheit

Nun verlassen sich Vegetarier keineswegs allein auf das gesinnungsethische Argument, sondern irritieren den fröhlichen Fleischesser auch damit, dass sie seinem Genuss Gefahren für die Gesundheit unterstellen. Dabei stützt sich der diätetische Vegetarismus nicht nur auf ungesicherte und umstrittene medizinische Hypothesen, sondern oft genug speist er sich aus höchst dubiosen makrobiotischen und anderen esoterischen Quellen.

In krassem Gegensatz zu solchen diätetischen Heilslehren bestätigt die erdrückende Mehrheit der Ernährungsphysiologen die dialektische Gastrosophie des Antonius Anthus. Eine abwechslungsreiche und ausgewogene Mischkost aus tierischen und pflanzlichen Substanzen gilt allgemein als der Königsweg gesunder Ernährung, und Ausnahmen betreffen allein jene unglücklichen Menschen, die bereits unter physischen Insuffizienzen leiden und sich aus diesem Grund diätetischen Beschränkungen unterwerfen müssen. Man wird nicht krank, weil man Gourmet ist; man muss allenfalls auf gewisse Gourmetfreuden verzichten, weil man krank ist, aber auch dann ist die „übertriebene Strenge" der Ärzte „nutzlos, weil die Kranken fast niemals auf Dinge Appetit haben, die ihnen schaden" – so ein anderer Klassiker der Gastrosophie.[7] Und die nicht enden wollenden Risikofaktor-Korrelationen, mit denen Mediziner Habilitationsschriften und Pressemeldungen erzeugen, erinnern mich ohnehin an den gesicherten Befund, dass in den letzten Jahrzehnten der

---

7 Jean-Anthelme Brillat-Savarin: „Physiologie des Geschmacks" (1825), deutsche Ausgabe, Heyne 1976, S. 131.

Geburtenrückgang in Schweden hoch signifikant mit dem Schwund der Klapperstorch-Population korrelierte.

„Der Esskünstler isst, um zu essen, und hat sich um Nebensachen wie langes Leben und dergleichen nicht weiter zu kümmern. Er macht sich mit den nötigen diätetischen Regeln vertraut, um gut und mit Bewusstsein zu essen, um das Essen selbst zu erhöhen, ohne andere weitere Zwecke, welche rein dadurch erreicht werden und von selber sich erfüllen, dass er gute und angemessene Produkte der Natur und Kunst in gehöriger Menge und Verbindung, mit Heiterkeit, Ruhe, Sinn und Bewusstsein auf subjektiv und objektiv angenehme und geschmackvolle Weise sich schmecken lässt".[8]

Wem Gesundheit beschieden ist, der sorgt sich nicht darum. Wer aber ständig um seine Gesundheit fürchtet, der ist nicht mehr gesund. Die Weltgesundheitsorganisation (WHO) hat Gesundheit als den Zustand des vollkommenen körperlichen, psychischen und sozialen Wohlbefindens definiert. Wenn man sich freilich fortgesetzt mit der Frage abquält, welchen asketischen Übungen man sich unterziehen muss, um ewig gesund zu bleiben, dann scheint mir das mentale Wohlbefinden eben dadurch empfindlich gestört. So betrachte ich den diätetischen Vegetarismus als ein Krankheitssymptom eigener Art.

Ich will gar nicht davon reden, dass jedenfalls der strenge Vegetarier, weil er auf tierische Proteine und Vitamine völlig verzichtet, auch seine körperliche Gesundheit stärker gefährdet als der fröhliche Fleischesser, wenn er nicht seine Küche als ernährungsphysiologisches Labor betreibt; das geben selbst redliche Vegetarier-Fibeln zu. Wichtiger erscheint

---

[8] Antonius Anthus, siehe Anm. 4, S. 134f.

mir, dass jeder Vegetarier seine Lebensqualität empfindlich schmälert, indem er sich die besondere Vielfalt beglückender Geschmacksempfindungen entgehen lässt, mit denen nur Fleischspeisen aufwarten können. Abgesehen vom jeweils spezifischen Eigengeschmack der Fleischsubstanz sind es vor allem die bei den verschiedenen Methoden des Garens zustande kommenden Eiweißumwandlungen, woraus der unvergleichliche Wohlgeschmack der Fleischbrühen und Bratensäfte hervorgeht, der von keiner Kohlsuppe und von keinem Grünkernbratling erreicht wird.

Gesundheitswahn

Wer aber solche höheren Gaumenfreuden mutwillig ausschlägt, verfehlt die Perfektionierung seines psychischen Wohlbefindens, verzichtet damit auf die mögliche Höchstform von Gesundheit und lebt in der Krankheit, die Krankheit zu fürchten. Überhaupt scheint der Gesundheitswahn epidemisch zu werden. Obwohl die Menschen jedenfalls in den Industrieländern objektiv nie gesünder waren als heute – alle demographischen und epidemiologischen Daten sprechen dafür –, ist die subjektive Sorge um die Gesundheit gigantisch gewachsen.

Und man sorgt sich nicht nur, man beginnt gewachsene Lebenspraxis mehr und mehr prophylaktisch zu manipulieren: Man rennt kilometerweit, an der Schwelle der Bewusstlosigkeit, stumpfsinnig durch die Gegend; man peinigt die Muskulatur in den Foltermaschinen der Kraftsport-Studios; man vermag gewohnte Speisen und Getränke guten Gewissens nur noch zu genießen, wenn sie sich als „light" empfehlen; man scheut nicht weite Wege und nicht hohe Preise, wenn man „Bio"- und „Öko"-Waren ergattern kann;

und man wird schließlich Vegetarier. (Lediglich die Tabak-produkte, die nun wirklich rein pflanzlicher Provenienz sind, verteufelt man, wiederum inkonsequent, wegen angeblich dramatischer Gesundheitsgefährdung: So ganz unbedenklich sind die Pflanzen also wohl auch nicht immer.)

Was aber fängt man, wenn es denn wahr wäre, mit so fürchterlich viel Gesundheit an? Will man denn ewig leben? In der Tat: Der forcierte Gesundheitswahn ist nichts anderes als die verdrängte Todesfurcht. Die Naturemphase der Öko-logisten und Vegetarier steht in merkwürdigem Kontrast zu der mangelnden Bereitschaft, die natürliche Vergänglichkeit des eigenen Körpers anzuerkennen. Gesundheitsprophylaxe wird zum Unsterblichkeitszauber. Aber so sehr die Moderne die gesellschaftlichen Verhältnisse entzaubert haben mag, die Entzauberung der Köpfe steht erst noch an. Ehrfurcht vor dem Leben, wenn sie denn menschliches Format gewin-nen will, heißt auch: die Endlichkeit eigenen Lebens mutig und selbstbewusst anzunehmen.

Der Umwelt
zuliebe

Seit ein paar Jahrzehnten beginnen die Menschen einzuse-hen, dass sie ihren natürlichen Lebensraum pfleglicher be-handeln müssen, wenn sie nicht Einbußen an Lebensqualität riskieren wollen. Nicht nur die Endlichkeit des persönlichen Lebens, auch die Endlichkeit des irdischen Lebenspotenzials wird zur realen Grenzerfahrung. Sicher tragen Einseitigkei-ten im wissenschaftlichen Erkenntnisgewinn und in der in-dustriellen Innovationsdynamik, einschließlich der Indus-trialisierung der Landwirtschaft, ein gut Teil Schuld an den wachsenden Belastungen des globalen Ökosystems, aber soweit sie inzwischen bekannt sind, rühren sich auch viele Kräfte, die solche Einseitigkeiten zu überwinden suchen.

Nun hat sich auch der Vegetarismus des ökologischen Arguments bemächtigt und streitet der fleischlichen Ernährung ihre Umweltverträglichkeit ab. Dass auch bei der landwirtschaftlichen Tierhaltung ökologische Fehler gemacht werden, scheint mir kein prinzipieller Einwand zu sein, denn solche Fehler lassen sich ebenso korrigieren wie die frühere Wasserverschmutzung bei der Papierherstellung. Ein grundsätzliches Argument hingegen, dem man sich stellen muss, zieht die Energiebilanz der Fleischerzeugung heran und macht geltend, dass der Nährwert des Fleisches nur ein Siebtel des Nährwertes der eingesetzten Futtermittel beträgt. Den genussfreudigen Gourmet wird es natürlich verwundern, dass er sich dem ökonomistischen Diktat der Energieeffizienz beugen sollte.

Würde man aber auf tierische Nahrungsmittel verzichten, behaupten die Vegetarier, könnten sehr viel mehr Menschen problemlos gesättigt werden. Allerdings wäre zu prüfen, ob das Welternährungsproblem wirklich im absoluten Mangel an Nahrungsmitteln gründet oder nicht vielmehr, wie manche Experten meinen, in Asymmetrien der Verteilung. Freilich wird für die Zukunft wirklicher Mangel umso wahrscheinlicher, je weiter die Weltbevölkerung wächst.

Das aber ist ein ökologisches Kernproblem, das bedauerlicherweise aus religiösen und kulturellen Rücksichten vielfach immer noch nicht mit dem erforderlichen Nachdruck betont wird: Schon jetzt gibt es mit sieben Milliarden so viele Menschen auf der Erde, dass ihre auskömmliche Versorgung gegenwärtig nicht gelingt – ganz zu schweigen von den zehn bis zwölf Milliarden, die für das einundzwanzigste Jahrhundert prognostiziert werden. Es fehlt ja nicht nur an Nahrungsmitteln, sondern auch an Energie und Wasser. Da

wäre ökologischer Vegetarismus auch nur wieder ein gutge-
meintes Stückwerk, das an Symptomen kurieren will, was
in Wirklichkeit an der Ursache anzugehen ist: am gewaltigen
Bevölkerungswachstum.

Fleischeslust um ihrer
selbst willen

Es geht, ich wiederhole es, nicht um das Leben an sich. Nicht
das schiere Überleben um jeden Preis ist der Menschen Glück,
sondern das gute Leben. Wie vielen Menschen aber ein stabi-
lisiertes irdisches Ökosystem das gute Leben bieten kann, ist
unter Experten umstritten. Doch mit Sicherheit ginge es der
Weltbevölkerung besser, wenn sie ihr Wachstum dämpfen
könnte. So ist nicht die Lust am Fleischverzehr, sondern jene
andere Fleischeslust das ökologische Problem, solange diese
sich nicht vom ungehemmten Fortpflanzungstrieb emanzi-
piert und Lust wird um ihrer selbst willen – ganz so, wie auch
der Gourmet nicht die schiere Sättigung im Sinn hat, sondern
die Kultivierung des Genusses.

Das aber ist des Vegetarismus Sache nicht. In seiner ethischen Spielart verwirft er die Kultur perfektionierten Genießens zugunsten eines abstrakten Gesinnungsprinzips, in
seiner diätetischen und ökologischen Spielart instrumentali-
siert er die Esskunst zum Zwecke bloßen Überlebens. Mit
Brecht habe ich begonnen, und mit Hölderlin wird dermaleinst
schließen, wer die zugemessene Spanne gastrosophisch erfüllt
hat: „Einmal lebt ich, wie Götter, mehr bedarf's nicht".[9]

---

9 Friedrich Hölderlin: „An die Parzen". Der Dichter, der an dieser Stelle die poetische
Inspiration meint, möge mir verzeihen, dass ich ihn nun für die Gastrosophie in Anspruch
nehme.

AUTOREN

ULRIKE ACKERMANN

Ulrike Ackermann, Sozialwissenschaftlerin und Publizistin, hatte von 2008 bis 2014 die Professur mit dem Schwerpunkt „Freiheitsforschung und Freiheitslehre" an der SRH Hochschule in Heidelberg inne. 2009 gründete sie und leitet seitdem das John Stuart Mill Institut für Freiheitsforschung. Ihr Beitrag erschien zuerst im Sammelband „Genuss – Askese – Moral: Über die Paternalisierung des guten Lebens" (Humanities Online 2016).

DETLEF BRENDEL

Detlef Brendel ist als Wirtschaftspublizist tätig und leitet eine Presseagentur. Er ist Autor des Buches „Schluss mit Essverboten! " (Plassen Verlag, 2018), in dem er sich u.a. kritisch mit der Bevormundung von Verbrauchern beschäftigt.

MARTIN DANNECKER

Professor Martin Dannecker lehrte Sexualwissenschaft an der Universität Frankfurt/Main. Er ist in Berlin als Sexualwissenschaftler, Sexualtherapeut, Supervisor und Autor tätig. Im Rahmen seines Engagements in der Homosexuellenbewegung verfasste er u.a. mit Rosa von Praunheim das Drehbuch des wegweisenden Films „Nicht der Homosexuelle ist pervers, sondern die Situation, in der er lebt" (1971). Sein Text wurde zuerst auf magazin.hiv der Deutschen AIDS-Hilfe veröffentlicht.

MONIKA FROMMEL

Die Strafrechtsprofessorin Monika Frommel war bis zu ihrer Emeritierung 2011 Direktorin des Instituts für Sanktionenrecht und Kriminologie an der Universität Kiel.

UWE KNOP

Uwe Knop ist Diplom-Ökotrophologe, Buchautor und Initiator der Facebook-Gruppe Kulinarische Körperintelligenz. Sein Text erschien zuerst bei Xing Insider.

DANIEL KOFAHL

Der Ernährungssoziologe Dr. Daniel Kofahl leitet das Büro für Agrarpolitik und Ernährungskultur (APEK). Er ist Dozent für Ernährungssoziologie an der Universität Wien, Sprecher der AG Kulinarische Ethnologie in der Deutschen Gesellschaft für Sozial- und Kulturanthropologie (DGSKA) und stellvertretender Vorsitzender der Deutschen Akademie für Kulinaristik.

MARC LEWIS

Marc Lewis ist Neurowissenschaftler und kürzlich emeritierter Professor für Entwicklungspsychologie. Von 1989 bis 2010 war er an der University of Toronto (Kanada) und von 2010 bis 2016 an der Radboud-Universität in den Niederlanden tätig. Sein jüngstes Buch trägt den Titel „The Biology of Desire" (2015). Der von ihm und Shaun Shelly verfasste Beitrag erschien zuerst im Aeon Magazine.

CHRISTOPH LÖVENICH

Christoph Lövenich ist Novo-Redakteur und wohnt in Bonn.

GESINE PALMER

Dr. Gesine Palmer ist Pädagogin

und Religionswissenschaftlerin. Sie beschäftigt sich neben Religionsthemen mit Fragen der Ethik, Ästhetik und Politik.

JO REICHERTZ
Jo Reichertz ist Professor für Kulturwissenschaften in der Universitätsallianz Ruhr. Sein Forschungsschwerpunkt liegt auf Wissenschaftssoziologie und Kommunikation.

JOHANNES RICHARDT
Johannes Richardt ist Novo-Chefredakteur und Gründungsmitglied des humanistischen Think-Tanks Freiblickinstitut e.V.

GÜNTER ROPOHL
Professor em. Günther Ropohl hat bis 2004 Wissenschafts- und Technikphilosophie an der Johann-Wolfgang-Goethe-Universität in Frankfurt am Main gelehrt. Er verstarb 2017. Sein Artikel erschien in anderer Form zuerst in Universitas 48 (1993) 12, 1137–1145.

SHAUN SHELLY
Shaun Shelly ist Mitglied der Abteilung für Familienmedizin an der University of Pretoria, wo er als Forscher und Dozent tätig ist. Er gründete das erste Schadensminderungszentrum Südafrikas und leitet derzeit das Drogenpolitik- und -rechtsprogramm einer nationalen NGO. Darüber hinaus ist er Mitglied in einer Reihe von lokalen und internationalen Beiräten und war Open Society Foundations Drug Policy Fellow. Er lebt in Kapstadt, Südafrika. Der von ihm und Marc Lewis verfasste Beitrag erschien zuerst im Aeon Magazine.

CHRISTOPHER SNOWDON
Christopher Snowdon ist Bereichsleiter für Lifestyle-Ökonomie am Institute of Economic Affairs in London. Bei seinem Artikel handelt es sich um einen Ausschnitt seines aktuellen Buchs „Killjoys: A Critique of Paternalism" (2018).

THILO SPAHL
Thilo Spahl ist Diplom-Psychologe. Er ist freier Wissenschaftsautor, Mitgründer des Freiblickinstituts und Novo-Wissenschaftsressortleiter. Er veröffentlichte außerdem u.a. bei Brand Eins, Die Welt und Focus. Er ist (Ko)Autor mehrerer populärwissenschaftlicher Bücher, u.a. von „Die Steinzeit steckt uns in den Knochen. Gesundheit als Erbe der Evolution" (Piper 2009).

HASSO SPODE
Professor Hasso Spode ist Historiker und Soziologe. Eine längere Fassung dieses Beitrags ist zuerst in „Rausch – Wiener Zeitschrift für Suchttherapie" erschienen.

BILL WIRTZ
Bill Wirtz arbeitet als Policy Analyst für das Consumer Choice Center. Er betreibt einen mehrsprachigen Blog (wirtzbill.com).

Übersetzer:
FABIAN LAUTERBAUCH
ANNE STELLBERGER

Unabhängig, unangepasst und unbequem

Novo – das politische Magazin
in der Tradition von Aufklärung und
Humanismus.

novo-
argumente.com

Novo Argumente für den Fortschritt